버티다 보니
20년

버티다 보니 20년

초판 1쇄 인쇄 2024년 11월 11일
초판 1쇄 발행 2024년 11월 28일

지은이 감희성 김세연 김영은 김정연 김하영 손경애 여현영
위주영 윤혜선 이윤미 이주영 이현주 한송희

기획 이유림 **편집** 정아영
표지디자인 스튜디오 사지 **본문디자인** 박은진
마케팅 총괄 임동건 **마케팅** 안보라 **경영지원** 임정혁 이순미
펴낸이 최익성 **펴낸곳** 플랜비디자인

출판등록 제2016-000001호
주소 경기도 화성시 동탄첨단산업1로 27 동탄IX타워 A동 3210호
전화 031-8050-0508 **팩스** 02-2179-8994
이메일 planbdesigncompany@gmail.com

ISBN 979-11-6832-135-9 (03320)

직장생활 20년 차 13인의 '회사 생존 노하우'

버티다 보니 20년

감희성 김세연 김영은 김정연

김하영 손경애 여현영 위주영

윤혜선 이윤미 이주영 이현주 한송희

plan b
DESIGN

추천사

삼성전자 DS부문 부사장
이금주

기다림 끝에 설렘 가득한 꿈을 안고 시작하는 사회생활.

낯섦에서 오는 두려움과 동시에 새로운 도전을 향한 희망과 용기로 첫걸음을 내딛습니다.

그 과정에서 우리는 좌충우돌하며 때로는 성취의 기쁨을, 때로는 좌절의 쓴맛을 겪으며 한 단계씩 성장해 나갑니다.

그렇게 각자의 길을 걸어온 지 20년, 강산이 두 번 바뀌는 시간을 걸어온 13인이 모여 새로운 도전을 시작했습니다.

서투른 첫걸음을 내딛는 후배들을 위해 자신들의 이야기를 전하고자 책을 쓰겠다고 결심한 용기와, 그것을 멋진 책으로 완성해낸 실행력에 박수를 보냅니다.

이 책을 한 장씩 넘기다 보면 '내가 왜 해?'가 '내가 한번 해 볼까?'로, '해야만 해'가 '할 수 있어'로, '숙제'가 '실력'으로 변하는 성장의 순간들을 함께 경험하게 될 것입니다.

이 책을 통해 작지만 큰 이야기들을, '나에서 우리'로 그리고 '리더'로 나아가는 여정을 독자들이 함께 체험하길 바랍니다.

또한, 사회생활이라는 긴 마라톤 속에서 가끔은 이 책이 페이스메이커가 되어 주기를 기대합니다.

추천사

그로플 대표
백종화

책을 통해 지식을 얻을 수 있다. 하지만 더 가치 있는 책은 '누군가의 삶을 함께하는 것'이다. 『버티다 보니 20년』, 이 책을 출간하기도 전에 벌써 원고를 두 번째 읽고 있는 이유는 13명의 저자들과의 인연 때문이다. 책을 쓰고 싶다는 삼성전자의 여성 리더분들과의 만남, 그리고 그들의 삶에 대한 이야기를 듣다 보니 어느 순간 함께 목차를 잡고, 어떤 독자가 읽으면 좋은지, 우리가 왜 이 책을 쓰게 되었는지를 논의하고 있었다. 이 책은 그렇게 13명 저자들의 일과 삶 그리고 성장을 함께 담았다.

추천사

(주)세틀링크 대표
남서진

이 책은 한국 사회에서 여성 리더들의 성장과 도전을 생생하게 담아낸 귀중한 기록입니다. 저자들은 각 분야의 뛰어난 전문성을 지닌 리더들로, 그들의 이야기는 단순한 성공담을 넘어 진정한 변화와 성장의 여정을 보여줍니다.

가장 돋보이는 점은 저자들의 솔직하고 담대한 자기 고백입니다. 그들은 자신의 약점과 두려움을 숨김없이 드러내며, 이를 극복해 나가는 과정을 덤덤히 묘사합니다.

일과 가정의 균형, 리더십 스킬 개발, 조직 내 차별 극복 등 여성 리더들이 흔히 겪는 도전들을 다루며, 실질적인 해결 팁도 들려줍니다.

결혼, 출산, 육아 등 인생의 중요한 전환점들을 겪으면서도 커리어를 포기하지 않고 슬기롭게 극복해 나가는 모습은 많은 독자에게 희망과 영감을 줄 것입니다.

더불어 저자들은 개인의 성장뿐만 아니라 조직의 성과 향상에도 크게 기여했습니다. 새롭게 습득한 스킬과 관점을 조직에 적용하여 실질적인 변화를 이끌어낸 사례들은 매우 인상적입니다.

이 책은 한국 사회에서 여성 리더로 살아가는 것의 의미와 도전, 그리고 그 속에서 찾을 수 있는 기쁨과 보람에 대한 현실적인 목소리이자 깊이 있는 현장의 탐구입니다. 저자들의 진정성 있는 이야기는 독자들에게 깊은 울림을 줄 것이며, 자신의 한계를 뛰어넘어 성장할 수 있다는 믿음을 심어줄 것입니다.

막연히 커리어를 설계하고 계시는 분들과 업무를 헤쳐나가며 잠시 다른 사람의 생각을 들어보고 싶은 모든 직장인, 조직 관리자들에게 또 다른 통찰을 제공하는 이 책을 권해 봅니다.

추천사

쿠퍼실리테이션 대표
구기욱

이 책은 단순한 회사 생활의 기록을 넘어, 살아 있는 사람들의 이야기로 엮인 수필 같은 드라마다. 책 속에는 회사에서 겪는 생생한 갈등과 성취가 마치 수목 드라마처럼 펼쳐지며, 저자의 인간적인 통찰이 쉽고 짙게 묻어 있음을 발견했다. 〈미생〉을 다시 보는 느낌이다.

첫 직장에서 내향인으로서 적응해 나가는 과정부터, 리더로 성장하며 겪는 비대칭적 상황들, 결혼과 육아를 거치며 터닝포인트를 맞이하는 순간들까지, 이 책은 직장인의 다양한 삶과 일의 속내를 간단한 이야기들로 포착한다. 개인과 조직의 대립에서 고군분투하며 균형을 찾아 살아가는 모습이 여러 개의 에피소드에 고스란히 담겨 있다.

자기 계발의 필요성과 인간관계 속에서 지혜를 찾는 과정이 제조업 회사의 장면 안에 자연스럽게 녹아들어 있다. '이공계 출신이 쓴 글이 맞나?' 하는 의심이 들 정도로 인간관계의 중요한 원리를 보여준 점도 놀랍다. 워케이션, 코칭, 퍼실리테이션, 동호회, 운동, 승진, 연구와 프로젝트 등 다채로운 자기만의 이야기가 한데 묶여 시너지를 냈다.

이 책을 읽고 있노라면, 우리는 각자의 자리에서 성취와 실패를 경험하면서도 끝없이 자라나고 있는 자신을 거울처럼 발견하게 된다. 그 과정을 통해 저자들이 말하는 '나만의 답'을 찾아가는 여정에 깊이 공감할 수 있을 것이다.

4장 끝없는 자기계발

5장 나에게 '일'이라는 것

1장

나도
회사원이
되었다

'다름'이 특기인
이방인 회사원

⏻

입사 후 3년 동안 완벽한 이방인이었다.
나의 '다름'을 포기하지 않음으로써
회사의 일원이 되어가는 길은 험하고 고됐으나,
그 길은 지금까지도 나를 지탱해 주는 소중한 여정이었다.

입사 후 3년. 내가 회사에 적응하는 데 걸린 그 시간 동안 나는 완벽하게 '나답기'만 한 회사의 철저한 이방인이었다.

2015년 8월, 베를린 테겔공항으로 가는 택시 안에서 만감이 교차했다. 아쉬움만 한가득인 줄 알았는데 약간의 설렘이 섞였던, 설명하기 어려운 복잡한 속마음으로 한참을 창밖만 내다봤다. 짧은 2년 반의 독일 포스닥Post Doc.을 마치고 돌아오는 것이 꽤 아쉬웠던 것이다.

그렇다. 나는 3년 안에 다시 '내가 있던 곳, 학계'로 돌아갈 계획을 세우며 귀국했다.

첫 부서에서 약 6개월 동안은 방치되었다는 생각이 들 정도로 특별히 주어진 업무는 없었고, 출근과 퇴근만이 가장 큰 일이었다. 부서 내 여러 개의 세부 파트를 2주마다 옮겨 다니면서 교육을 받았는데, 이는 다양한 파트의 동료들과 2주간의 시간을 보낼 수 있다는 장점이 있었다. 짧게 인사만 하고 지나쳤을 많은 동료와 안면을 틀 수 있는 기회였던 것이다.

물론 소속감이 없다는 단점도 있었다. 외로움은 둘째 치고 2주가 지나 다른 파트로 갈 때마다 '무슨 일 하시나요?'라는 질문을 받았는데 그때마다 내가 쓸모없는 사람일 수도 있겠다는 불안감이 엄습했다. 그래서 그 불안감을 떨치기 위해 '저도 잘 모르겠어요.'라며 오히려 당당하게 답했다. 하지만 이 트레이닝은 내가 성장하는 데 큰 밑거름이 된 것은 분명하다.

당시에 꽤 놀랐었던 몇 가지가 있다. 함께 점심 식사를 하는데 각자의 휴대폰만 보는 상황, 미팅에서 동료가 발표를 하는데 질문이 전무한 상황, 누군가의 업적을 축하해 주는 자리인데 다들 침묵인 상황. '이야기가 필요한 곳에 이야기가 없는 분위기'가 참 이질적이라고 생각을 했는데 이는 나만 느끼는 것이었나 보다.

역시 나는 이곳의 이방인이었다는 생각이 들었다. 아니나 다를까, 말 빠르고 특이한 안경을 쓰고 있는 이질적인 이방인이 들어왔다는 나에 대한 소문은 빠르게 퍼져 나갔다. 이들은 한결같

왔는데, 업무 배정을 받은 2년 차의 한 회식 자리에서 그 실체를 알게 되었다.

"책임님, 헐리웃 액션 정말 짱이예요!"
"지금까지 이렇게 리액션 좋은 사람 처음 본 것 같아요."

생경한 표현이었지만, 나에게 더없이 적당한 말이 아니었을까 생각한다. 그 당시 나는 '나대는 사람'으로 인식되고 있었다. 그동안 보지 못했던 독특한 캐릭터였음은 확실했다. 소속감에 목마르던 내게 이처럼 관심을 보여 주다니! 나에게는 '독특한 인물', '나대는 인물'이라는 표현이 '회사원으로서 소속감을 갖도록 구성원의 한사람으로 받아들이기 위한 이름 짓기가 아닐까' 하는 그 마음만 보였기에, 그들이 참 고마웠다.

2년 차 중반부터는 나에게 주어진 실무에 몰입했다. 일주일 내내 출근한 적도 있었고, 밤 11시를 넘겨 택시를 타고 서울까지 온 적도 꽤 많았다. 엄청난 야근으로 월급 앞자리가 바뀌기도 했다. 업무상 새로운 사실을 알아가는 즐거움이 그토록 몰입할 수 있었던 원동력이었다.

또한 나는 입사 전부터 새로운 것에 대한 두려움이 없어, '다름'이 더 익숙한 회사의 이방인이기도 했다. 그래서 실패할 때조차 기죽지 않고 또 다시 도전할 수 있었다. 물론 나의 이런 모습을 진저리 치도록 싫어하는 사람도 있었다. 같은 맥락으로 그 시기, 상사분들도 내가 썩 마음에 들지는 않았을 것이다.

토요일 오후 4시에 진행된 미팅에서, 한 임원이 일요일까지 업무를 마무리하라고 지시한 적이 있었다. 나는 일말의 주저함 없이 담당자가 주말에 출근하지 않기 때문에 마무리는 월요일까지 할 수 있다고 답했던 적이 있다. 순간의 적막은 지금도 잊히지 않는다. 그때 많은 사람이 내게 시선을 고정한 채 황당함을 담은 무거운 공기를 던지며 이 상황을 어찌해야 할까 고민했던 모습이 기억된다. 그리고 곧이어 나의 '미성숙한 회사 생활'을 알아챈 임원은 내 직속 상사에게 전화를 걸어 당장 미팅룸으로 오라고 하셨다. 나의 상사는 도착하자마자 한참 잔소리인 듯 훈계를 들으시더니 결국 일요일까지 그 업무를 마무리하겠다고 하셨다.

그래서 일이 되었을까? No! 예상대로 하지 못했다. 토요일 오후, 일요일 내내 나를 포함한 실무진들이 발을 동동 굴렀지만, 결국 일이 제대로 되지 않았다.

월요일 오전 나는 내게 소리친 임원을 포함해서 관련된 분들에게, '결국, 안 되었습니다'라는 한 줄을 메일의 첫 문장으로 넣어서 보냈는데, 그 임원은 내 메일을 읽고도 아무런 답장이 없었다. 그리고 난 그분의 침묵에서 나름의 '고생했다는' 격려를 느낄 수 있었다. 어떻게든 긍정적으로 생각한 나의 '다름'이었다.

그렇게 나는 이방인의 경계 속에서 다양한 경험을 하며, '입사 10년 차 같다'라는 소리를 들을 정도로 아주 빠르게 적응했다. 여기저기 나댄 덕분에 동료와 부서장들로부터 인정도 받았고, 생각지도 않게 꽤 이른 시점에 파트장이 되어 리더로서의 경험도 해 보았다.

모두에게 완전한 멤버로 받아들여지는 회사원이 되었지만, 이방인으로서의 본질을 잃어가는 시점도 이때부터였음을 뒤늦게 알아챘다. 리더 역할을 수행하면서 회사의 업무를 더 넓은 시각으로 볼 수 있게 되어 일에 대한 즐거움은 커져갔지만, 가끔 마음이 불편하고 곤두서는 시간들도 동시에 늘어났다. 늦게 찾아온 사춘기처럼 내내 그 양가의 감정 때문에 무엇을 해도 명쾌하지 않다고 생각했다. 그리고 최근에 그 이유를 알게 되었다.

'지금이 내가 원하는 모습인가?'
'내가 의도한 방향이었나?'

이에 대한 답을 스스로 내놓을 수 없기 때문에 내내 불편했던 것이다. 그래서 7년 차에 접어들 즈음, 나는 다시 자발적으로 이방인이 되었다. 지난 6년 동안 쌓아 온 회사의 경험들을 나만의 방식으로 해석해 나가기 위해서이다.

나의 '다름'을 포기하지 않음으로써

다시 한번 당당하게 회사의 일원이 되는 것!

어느 날
잔다르크가 되었다

⏻

산책에서 시작된 나의 회사 생활,
주어진 문제를 풀던 과정에서 나의 길을 찾았다.

박사학위를 받고 2009년 3월 회사원이 되었다. 2008년 금융 위기로 얼어붙은 채용 시장, 해외 연구소 지원 또한 어려웠던 시기에 나는 다행히 사전에 산학장학생으로 합격한 덕분에 입사를 할 수 있었다. 산책하자는 연구실 선배를 따라 기업 채용설명회에 갔다가 호기심에 지원한 결과였다.

가장 많은 신입사원이 입사할 3월이지만, 200명이 넘는 우리 팀에 신입사원은 나홀로 배치되었고, 마음을 나눌 동기도 없었다. 금융 위기로 연봉이 동결되고, 야근비도 없었다. 복사를 위한 A4 용지조차 한 장씩 세서 받던 시절이었다. 이렇듯 어수선한 시기이다 보니 마음까지 꽁꽁 얼어붙어 더더욱 누군가에게 말을 거는 것조차 어려웠다.

그나마 운이 좋다고 생각된 건 입사 한 달 전 대대적인 조직 변동이 있었고, 그때 생긴 신생부서에 합류하게 된 것이다. 신생부서이다 보니 대부분이 서로 어색했지만, 인솔해 주시던 부장님 말씀을 떠올리면 좋은 기회인 듯 싶었다.

"신입박사는 다른 거 다 필요 없고 인맥만 쌓으면 돼."

먼저 조직도를 펼쳤다. 내가 배치될 그룹을 제외하고 현장에서 실무에 가장 빠삭한 대리/선임 고년 차와 과장/책임 1~2년 차 이름에 형광펜을 칠했고, 박사 인력들을 표기했다. 그리고 사내 메신저로 말을 걸었다. 그렇게 나는 부서에 배치되기 전 팀의 40%가 넘는 사람들과 대화를 했다.

"안녕하세요, 이번에 새로 입사한 ○○○입니다. 선배와의 대화 요청드립니다."

'안녕하세요' 이 한마디는 강력하다. 만약 사내 교육에 혼자 참석했는데 수줍음 탓에 말을 섞지 않는다면 일주일 내내 한마디도 안 하고 지내게 된다. 혼자 일하는 것을 좋아했던 나였지만,

빠르게 적응하기 위해 용기를 내어 사내 인맥을 쌓아갔다.

　'친구 따라 강남 가듯' 삶의 방향이 흘러가는 대로 사회에 처음 발을 내디딘 내가, 그리고 내성적이었던 내가 용기를 냈던 이유는 하나다. 입사 직후 한 달이 넘는 경력사원교육에서 배웠던 내용 중에 우리 팀에 맞는 사례는 없었다. 내가 배치받은 부서는 스무 살부터 일을 시작하거나 설비를 담당하는 사람, 학사 이상의 엔지니어 등 다양한 직군이 함께 일을 했고, 조언의 방향이 너무 달랐다. 그저 순진하게 흘러가는 대로 두었다가는 어디로 갈지 알 수가 없었다. 어수선한 가운데 내가 살 길은 내가 개척해야 했다.

　이런 노력에도 불구하고 일은 순조롭지 않았다. 모든 게 새롭던 시기였다. 박사라는 이유로 전문가로 분류됐다. 배치 한 달 만에 외부 전문가를 전문가의 입장으로 만나야 하는 일도 생겼다. 나는 물리화학을 전공했다. 하지만 어느새 유기화학 전문가가 되어있었다. 내가 전공한 SERS(표면증강라만분광법)는 어느새 SUS(스테인레스 스틸)로 불리고 있었다. 이건 작은 헤프닝에 불과했지만, 그 일을 겪으며 알게 되었다. 회사에서 쓰이는 용어가 따로 존재했고, 업무를 위해서는 그간 내가 알고 있던 모든 단어를 다시 정의하고 분류해야 하는 것이다.

내가 낸 답이 검증도 없이 그대로 발표되고, 조언받을 곳이 없다는 두려움은 일단 접어두기로 했다. 모든 것이 새롭고, 나 스스로 새로운 길을 개척한다는 것이 두렵기도 했지만, '할 일이 정말 많고 다양하겠군'이라는 생각에 신이 났다. 그리고 문득 입사할 때 들었던 우리 회사의 신조 중 이 말이 떠올랐다.

'안 된다는 생각을 버려라'

흔히 알려진 분석법으로는 내가 원하는 결과를 얻을 수 없었다. 하지만 이론적으로 안 될 이유도 없다. 그럼 그냥 시도해 보는 것이다. 그리고 내가 업무를 하며 좋아하는 말, 아니 믿는 말이랄까? '분석기는 거짓말을 하지 않는다'를 마음속으로 되뇌었다.

'분석쟁이'라 불리던 나와 우리 동료들은 협업을 하며 많은 경험을 공유했다. 신입 당시 분석기술과정 강의에 강사로 오신 한 선배님이 교육 중에 하신 말씀이 기억난다.

"깊이 모를 수도 있어요. 하지만 다양한 의뢰를 받으니 넓게 많이 알게 됩니다."

바로 이 문장이 내 머리를 강타했다. 나는 다양한 것을 알 수 있겠구나!

한 번은 쓰레기를 분석한 적도 있다. 쓰레기 봉투에서 원인 모를 연기가 나는 바람에 회의실 안에 많은 사람이 모였다. 원인을 찾기 위한 탁상공론이 진행되고, 무엇이 들어 있는지 모르는 흠뻑 젖은 붉은색 유기 폐기물 봉투가 책상 위에 툭 던져져 있었다.

그때 나는 분석 결과에서 나오는 정말 작은 특이점 하나도 놓치지 않았다. '쓰레기라니, 내가 뭘 하고 있는 건가' 싶기도 했지만 '안 되면 할 수 없지, 어차피 내가 포기하면 '원인불명'으로 끝날 텐데'라는 생각으로 임했다. 물론 현실은 영화 속 장면과는 달랐기에 바로 '유레카'를 외칠 수는 없었지만, 분석된 성분 하나하나를 검색하던 중, 한 특허에 적힌 '첨가제로 들어갈 수 있음'을 발견했다. 소재 개발을 담당했던 옆 부서 동료는 제조사마다 전화를 걸어주었다. 정말 이 짧은 문구가 가능성의 불을 밝혀줬다. 드디어 실마리를 찾은 것이다. 한참 유행하던 미국 드라마 시리즈《CSI: 과학수사대》가 떠올랐다.

나의 미래를 찾았다. '반도체 CSI'가 되자.

입사하는 순간부터 지금까지, 나에게 정답을 줄 수 있는 사람은 없었다. 나의 업무 경력은 하나를 진득하게 하는 것보다 다양한 것을 다양한 시각으로 바라보며, 안 되는 것을 되도록 만드는 일로 채워갔다. 설득하기보다 결과를 보여줬고, 점점 더 나의 주관이 뚜렷해졌다.

내가 무엇인가를 하려고 했던 것은 아니다. 그렇다고 나서서 무엇인가를 한 것도 없다. 주어진 문제를 풀었고, 그 결과를 설명했을 뿐이다. 하지만 어느 순간 사람들은 나에게 잔다르크 같다는 이야기를 했다.

입사 때와 지금의 나는 많이 달라졌다고 해야 할까? 여전히 같다고 해야 할까?

일에서의 나는 스스로 만족할 때까지 도전한다.

66

주변의 흔한 목소리에 흔들리지 않고,

나만의 전략을 짜고 나만의 목표를 갖는다.

내가 만족하는 것이 무엇보다 중요하다.

내향인의
첫 직장 적응기

⏻

**나의 사회생활의 기억은 좋은 선배들과 함께했던 시간이다.
신입사원 시절의 즐거웠던 기억은
지금도 나에게 가장 큰 에너지가 된다.**

신입사원 시절 부서 배치를 받기 전에, 11명의 신입 동기들과 2주간 교육을 받았었다. 처음에는 가뜩이나 낯가림이 심한 나는 잘 적응할 수 있을까, 하는 생각에 위축이 되었다. 몇몇은 편안한 얼굴로 담소를 나누고 있는 모습을 보니 더욱 그랬던 것 같다. 동기 중 혼자 여자여서 그런지 선배와 동기들이 먼저 말을 걸어줬다. 덕분에 2주 동안 동기들과는 정말 친해졌다. 나는 언제 낯가림이 있었나 싶을 정도로 활발해졌다. 얼른 부서로 가서 한 사람의 몫을 하는 구성원이 되고 싶었다.

부서로 첫 출근을 하는 날. 선배들을 위해 뭐라도 해가고 싶은 마음에 당시 베이킹이 취미였던 나는 빵과 쿠키를 구웠다. 그 전까지는 조금씩만 만들어 본 터라 16인분의 베이킹을 하는 것이 쉽지 않았지만, 포장까지 마치고 들뜬 마음으로 잠자리에 들었다.

그런데 막상 사무실에 들고 가니 짐처럼 느껴졌다. 이런 걸 가져온 내가 어린애 같아 보였고, 어제 굽자마자 먹었을 땐 맛있었는데 이미 다 식어버린 빵은 생각보다 맛도 덜한 것 같았다. 고민하다가 차장님께 쭈뼛쭈뼛하며 다가가 조심스럽게 빵을 드렸다. 우려했던 것과 달리 차장님은 반색을 하시며, 회의 때 다 같이 먹으면 좋겠다고 하셨다. 내가 가져간 빵 덕분인지 모르지만, 그날의 회의 분위기는 매우 부드러웠다. 선배들이 지금까지 먹어본 빵 중에 가장 맛있었다고도 하고, 월요일 아침부터 기분이 좋아져서 한 주 동안 즐겁게 일할 수 있을 것 같다는 인사말에 화끈거렸던 내 얼굴은 겨우 진정되었다.

회의가 끝난 뒤 배정받은 자리는 차장님 바로 옆자리였다. 일과 시간 중에는 동기들이나 선배들을 따라다니며 이것저것 배우느라 차장님과 대화를 나눌 시간이 많지는 않았다. 하지만 사무실로 돌아오면 차장님은 늘 수고했다고 격려해 주시면서 오늘은 어떤 걸 했는지 물어보셨다. 따뜻하고 인자한 말투 때문인지 부모님이 "오늘 학교생활은 어땠니?" 하고 물어보는 느낌이었다. 그럼, 난 곧이곧대로 그날 있던 일을 다 말씀드렸고, 이해되지 않는 것은 묻기도 했다. 그럼 또 차장님은 성심성의껏 질문에 답을 해 주셨다. 다른 부서의 동기들은 이런 나를 보며 "난 대리님한테도 어려워서 질문을 못 하는데 넌 참 당당해서 좋아 보인다." 라고 하기도 했다. 내가 정말 좋은 환경에서 일하고 있다는 생각이 들었다.

 난 차장님뿐 아니라 부서의 모든 선배들이 좋았다. 나의 멘토인 과장님은 조금 차갑긴 해도 명확한 업무 지시가 그 당시에는 정말 마음에 들었다. 하루는 라인에서 평가를 하던 중 내가 조건을 잘못 적용하는 바람에 그때까지 만든 샘플을 모두 버려야 하는 상황이 생겼다. 물론 그날은 혼이 났다. 업무를 파악하기 위한 연습용 샘플이니 망정이지 고객용 샘플이었다면 대형 사고이니 주의해야 한다는 조언을 들었다. 다시는 실수를 하지 말아야겠다는 다짐을 하고 또 했다. 그런데 잠시 후 자리에 와서 깨달았다. 사무실의 다른 모든 선배들이 혹여 내가 울기라도 할까 봐 초조해하며 사무실을 나가지도 못하고 있었다는 것을 말이다. 하지만 정작 나는 선배들이 걱정하는 그런 기분이 전혀 아니었다. 호되게 질책을 당해서 서글프다는 현실보다 이 샘플이 고객용이 아니어서 천만다행이고, 다음부터는 성급하게 판단하지 말고 선배들과 자주 상의해야겠다는 생각만 가득했다.

유일한 여자 선배였던 또 다른 과장님은 나에게는 마치 연예인 같았다. 사무실에서 딸과 또는 동료 학부모와 통화하는 것을 들으면 '아, 이게 바로 워킹맘의 삶이구나'를 바로 옆에서 보는 느낌이었다.

학교를 다닐 때까지만 해도 워킹맘의 삶은 막연히 너무 힘들 거라는 우려에 '출산을 하면 바로 회사를 그만둬야지' 하는 생각을 하고 있었지만, 과장님을 보며 내 생각은 바뀌었다. 물론 과장님의 아이가 '오늘은 일찍 오냐'고 전화로 물을 때마다 난처해하는 과장님의 표정을 보면 옆에서 짠한 마음이 들 때도 있었다. 하지만 과장님은 일할 때는 누구보다 에너지가 넘쳤고, 후배들을 대하는 모습은 남자 선배의 자상함과는 다른 집밥 같은 따뜻함이 느껴졌다. 과장님을 보며 어쩌면 나도 회사를 꽤 오래 다닐 수 있을지도 모르겠다는 생각이 들었다.

동기의 직속 상사였던 또 다른 과장님은 통계 분석의 1인자였다. 수많은 평가 결과들은 결국 통계적으로 해석되어야 의미가 있는데 동기에게 중요한 이론을 설명할 때면 우리도 함께 불러 교육을 해주셨다. 그 교육은 우리의 눈높이에 맞춰 쉬운 설명으로 진행되었다.

같이 일을 하는 또래 선배들도 정말 좋았다. 1~2년 선배가 가장 어렵다는 말을 얼핏 들은 것 같은데 우리는 마치 동기처럼 친하게 지냈다. 함께 퇴근해서 다 같이 맥주 한 잔을 기울이는 시간도 마냥 행복했다. 하루의 피로가 모두 풀리는 기분이었다. 겨울에는 같이 스키장도 가고, 여름에는 MT도 가는 등 많은 추억을 쌓았다.

이처럼 내가 받은 배려와 이해는 결과적으로는 일에 대한 애착으로 연결되었다. 회사에 오는 것이 즐거웠고, 가끔 일을 할 때 내가 기대한 결과가 나오지 않으면 실망스럽기도 했지만, 그때마다 선배들과 상의하고 같이 헤쳐나가는 과정은 학창 시절에는 느끼지 못했던 새로운 기분이었다. 정말 좋은 선배들과 일하고 있다는 것을 깨닫고는 더 열심히 일을 하기로 마음을 먹었다.

어느 날, 임원 주관 회의에 참석을 하게 되었는데 옆자리 차장님께서 한 임원으로부터 질책을 받는 것을 보았다. 물론 이제는 나도 안다. 그 정도 질책은 매우 흔하다는 것을. 그러나 선배들과 일하는 것이 가장 큰 삶의 낙이었던 철 없던 나는, 다시는 나의 선배들이 회의에서 혼나는 일이 없도록 더 열심히 일을 해야겠다고 마음먹었다. 그렇게 나는 선배들과 함께 한배를 타고 있다는 마음 자체가 나의 동기부여의 원천이 되었다.

나는 새삼 요즘 나의 신입사원 시절을 자주 떠올린다. 신입사원이 들어오거나, 어린 후배들을 보면서 '이들에게 어떤 동기를 전해 줄 수 있을까?' 하는 고민을 한다. 내가 선배들을 보면서 하나의 항로를 향해 나아가는 거대한 탐험선을 함께 항해한다는 느낌을 받은 것처럼 후배들도 그 느낌을 갖도록 하고 싶다는 마음이 들기도 한다. 신입사원을 떠올리면서 가장 많이 하는 생각은, '나는 그들에게 무엇을 해줄 수 있는가'에 대한 고민이다.

❝

신입사원 시절의 즐거웠던 기억은

지금도 나의 회사 생활을 이어가는 힘이 된다.

최선을 다해 즐거운 기억을 만들어 보자.

선배로서도, 후배로서도.

인생 러닝의 호흡을 함께해 줄 페이스메이커

⏻

**워킹맘을 가능케 해 준 워킹대디의 존재,
당신에게는 페이스메이커가 있는가?**

어릴 때부터 오래달리기가 제일 끔찍했고, 운동이라고는 담을 쌓고 살던 내가 45살이 넘은 늦은 나이에 마라톤을 해 보기로 한 것은 그야말로 커다란 도전이었다. 그 도전은 나 혼자였다면 시도조차 할 수 없었을 테지만, 어딘가 믿는 구석이 있기 때문에 가능했다.

스타트 라인에서 긴장하며 대기하던 때부터 '탕!' 소리와 함께 무리를 지어 출발하는 고양된 그 순간, 내 반보 옆에는 항상 남편이 함께 있었다. 그렇게 회사 동료에서 연인으로, 또 남편으로 호칭을 달리하며 내 옆에 있어 준 지 벌써 20여 년, 보폭을 맞추며

뛰다 보면 그와 같이했던 20여 년 전의 이런저런 기억들이 머릿속을 스쳐 갔다.

그를 처음 만난 건 '○○ 취업 뽀개기'라는 인터넷 카페를 통해서였다. 대학원에서 생화학을 전공한 나는 '○○ 반도체'라는 회사는 무엇을 하는 곳인지. 그 안에서 내가 할 수 있는 일이 있을지, 이런 의구심이 들 때 같은 마음으로 모인 비 전자계열 사람들끼리 공정 공부를 하면서 서로의 불안한 마음을 달랬던 것 같다. 그때는 누군가를 알아가기엔 마음의 여유가 너무 없던 시절이었다. 그의 존재가 인식된 건 합격 후 뒷풀이 모임에서였다.

그의 첫인상은 그리 좋지만은 않았다. 키 크고 마른 체형에 하얀 얼굴이 호감이긴 했지만, 모레가 신체검사라며 술자리에서 술은 한 잔도 안 마시고 빼는 모습이 어쩜 그렇게 서울 얌체 같고 쩨쩨해 보이던지. 서로가 비호감 내지는 무관심으로 스쳐 지나간 뒤, 각자 두 달여간의 전사 신입사원 입문교육을 마치고 부서 배치가 된 그곳에서 그를 다시 마주치게 되었고, 그저 10여 명의 같은 팀 동기들 중 하나로 그 사람을 알아가게 되었다. 그러면서 깨달은 건 그가 입사 전 이미지와는 달리 술과 사람을 너무나도 좋아하는 사람이라는 것이었다. 핸드폰 1번을 꾹~ 누르면 가족도 애인도 아닌 동기들이 자주 모이는 회사 앞 돼지고기 두루치기 집과 통화가 될 정도였다. 그런 사람이 스터디 뒤풀이에서 술 한 잔도 안 했던 건 도대체 어떤 마음이었을까, 얼마나 절실한 마음이었길래 그랬을까 궁금한 마음도 들었다.

2000년대 초반 신입사원에게 반도체 부문에 대한 도전은 뭔가 개인을 던져 대의를 실현해야 할 대상이었던 것 같다. 잘 해내고 싶은 마음이 컸던 탓이다. 입사 후 한창 일을 배우면서 서툰 솜씨로 더듬더듬 일하다 보면 12시를 넘길 때가 많았다. 하루 일과가 끝나고 지친 마음에 메신저를 열어보면 늦은 시간에도 여러 동기들 중 항상 그의 메신저만 'On' 상태로 밝혀져 있었다. 한창 신규 생산라인을 준비 중이던 그는 현장에서 나오면서 퇴근하지 않고 남아 있는 내게 말을 걸어왔다.

"이제 나왔어. 퇴근하고 시원하게 맥주나 한 잔 할까?"

그렇게 한두 번 기숙사 통금 시간 전까지 술 한 잔을 걸치며 이런저런 이야기를 나누다 보니 팀 동기 이상으로 마음속 깊은 이야기도 나눌 수 있는 사이가 되었고, 기숙사에 가기 전에 들르던 작은 호프집에서의 그 시간이 내게 큰 휴식이 됨을 알게 되었다. 그의 투박하지만 성실하고 남자다운 모습이 좋아 보였고, 나와는 달리 너무나 활동적인 사람이라 그와 함께라면 더 이상 외롭거나 심심하지 않을 것 같았다. 그렇게 내 인생에 한 남자가 들어오게 되었다.

1년 반을 같은 팀 동기로 지내다 연인으로 발전한 뒤 맞게 된 첫 화이트데이. 근무표 상으로는 만나지 못하는 상황이었는데 잠시 점심이라도 같이 먹자고 부른 그가 데리고 간 곳은 회사 앞 생태찌개 집이었다.

"뭐야, 근사한 레스토랑도 아니고 화이트데이에 생태찌개라니!"

투덜거림을 아무 말 없이 지켜보던 그는 "그걸로 끝이 아니지~." 하며 의기양양하게 자동차 트렁크에서 커다란 박스 하나를 꺼냈다. 무심한 라면 박스 안에 수십 봉지의 알사탕과 초콜릿을 담아 포장용 테이프로 둘둘 말아 얼기설기 포장한 뒤 그 위에 그 시절 생산라인 업무 필수품이었던 업무지시 스티커를 붙여 놓았다. 스티커 위에는 이런 문구가 적혀 있었다.

'작성자: ○○팀 ○○○ / 전달 내용: ○○아, 사랑한다'

새벽에 문을 연 곳이 마트 할인 매장밖에 없더라면서 쑥스러운 듯 웃고 있는 그를 보며 나도 웃고 말았다. 그렇게 어설프지만 치열하게 최선을 다해 연애도 회사 업무도 해 나가고 있었다.

'헉헉 후후… 헉헉 후후….'

피니시 라인을 앞둔 마지막 100미터 직선 코스. 갑자기 무릎이 시큰시큰해져 왔다. 내 옆에서 뛰고 있는 신랑은 이제는 더 이상 키 크고 마른, 하얀 얼굴의 청년이 아닌, 배 나온 중년의 아저씨가 되었지만, 20여 년 전처럼 묵묵히 내 불편함을 돌아봐 준다.

"걷자. 무리하면 큰일 나. 걸어가도 괜찮아."

그렇게 우리는 나란히 걸어 피니시 라인을 통과했다.
사내 커플로 20여 년 넘게 회사 생활을 하면서 우리 부부는 마치 마라톤처럼 한발 한발, 한 호흡 한 호흡 집중하면서 치열하게 살아왔던 것 같다. 무리하며 치기로 달리던 시절도 있었고, 부서를 옮긴 적도 있었고, 자는 아이를 어린이집에 맡긴 죄책감에 마음이 뻐근해 눈물을 지끈거린 적도 있었다. 그렇게 숨을 고르고 다시 뛰는 가운데 조금씩 조금씩 편안해지면서 꾸준히 달려왔던 것 같다. 그리고 한발 한발 피니시 라인을 향해 아름다운 마무리를 위해 함께 달려가고 있는 중이다.

회사 생활을 오래 하다 보니 우리의 인생 마라톤에도 페이스 메이커처럼 함께 달려줄 누군가가 필요하다는 것을 뼈저리게 느끼게 된다. 내가 지금 이 순간까지 쉬지 않고 달려오고 있는 것도 아마 내 옆에 조용히 응원해 주는 우리 남편 같은 존재가 있기 때문이었을 것이다.

이처럼 지금 사회생활을 시작한 누군가에게도 나의 속도를 조절해 줄 동료가, 선배가, 멘토가, 반드시 필요할 것이다. 내 옆에서 내 상태를 알아봐 주고 적절하게 잘하고 있다고 용기를 주는 역할일 수도 있고, 지치고 처질 때 끌어주거나 오버 페이스를 할 때 무리하지 말고 이 속도를 유지하자고 말을 건네는 소중한 존재일 수도 있다. 그리고 지금 이 순간 당신이 미처 깨닫지 못하고 있을지언정 당신을 보고 당신을 롤모델 삼아 달리는 누군가가 있을 수도 있다.

6 6

우리는 모두 서로가 서로에게

페이스메이커가 되어 주고 있을지도 모른다.

주위를 둘러보자.

지금 당신에게는 페이스메이커가 있는가.

우리 각자의 삶은
모두 미생이다

⏻

진부하지만, 불변의 진리가 있다.
'무엇이든 마음먹기 나름'.
고로, 나는 주어진 상황에서 나로서 최선을 다한다.

직장 생활 관련 드라마 중 나는 〈미생〉을 가장 좋아한다. 내용 중 횡령, 대외비의 의도적 유출 등 나의 직장 생활에서 찾아보기 힘든 극적인 요소들을 좋아하는 것은 아니다.

"하고 싶은 것을 하려면 체력을 먼저 길러라."
"묵묵히 나의 길을 가는 것도 용기다."

스무 해가 넘도록 회사에서 버티면서 스스로 체득한 생활의 지혜들이 바둑판 장면 하나에 명언으로 응축되어 나오는 것이 좋았다. 특히, "아무리 노력해도 주어지지 않는 기회", "나는 결국 혼자였던 거다."와 같은 대사는 여러 시행착오들을 홀로 극복하며 성장해 나갔던 시절을 회상할 수 있었다.

부서 배치 후, 처음 나에게 주어진 일은 측정 업무와 노이즈 분석이었다. 그중, 측정 업무는 부서에서는 다급하고 중요한 일이었지만, 개인의 역량 향상에는 크게 도움이 되지 않으면서 많은 시간과 노력을 필요로 했다. 업무를 마치고 나면 밤 8~10시 사이였다. 내가 마치 로봇이 된 듯했다.

어떻게든 측정 업무를 빨리 마치고, 또 다른 업무이면서 개인 역량 향상에 조금 더 도움이 되는 노이즈 분석을 하고 싶었다. 그러기 위해서는 시간 확보가 관건이었고, 내가 아는 유일한 방법은 측정 자동화였다. 그런데 부서에서 자동화를 주요 업무로 하는 것이 아니어서 별도로 업무 할당을 받을 수는 없었다. 다만, 나에게 주어져 있는 상황에서 벗어나기 위해 나 스스로 필요한 일이라 생각했다. 그래서 업무시간 제한이 없던 당시, 나는 거의 매일 새벽 2~4시까지 자동화 작업에 매달렸다.

간혹, 아무 탈 없이 자동으로 측정되는 날들이 이어지기는 했지만, 추가 업무를 해내기에는 시간이 턱없이 부족했다. 체력은 물론, 나의 회사 생활에 대한 감흥도 나락으로 떨어지고 있었다.

회사에서 나만 성장하고 있지 못한 것은 아닌지 하는 불안감과 걸어다니는 측정 기계로 살아야 한다는 불만이 가슴 위로 그득 차올랐다.

그러던 어느 날, 같은 부서에서 일하고 있던 친한 대학 동기와 저녁을 먹기로 했다. 이미 나의 정신 세계는 피폐해져 버린 상태였고, 친한 친구와의 식사 자리는 온통 불평으로 가득했다. 맡겨진 업무에 대한 불평, 또 불평.

"이미 측정 업무 때문에 잠잘 시간도 부족한데, 나더러 어쩌라는 것인지 잘 모르겠어. 시간을 줘야 머리 쓰는 다른 일도 하지. 하루 이틀도 아니고, 뭐 매일 밤을 새우라는 말인가?"

지금도 여전히 묵묵히 내 곁에서 나의 하찮은 하소연을 들으며 인생 조언을 툭툭 던져주고 있는 그 친한 대학 동기는 한참동안 나의 불평을 들어 주다가 차분하고 짧게 의미심장한 말을 건넸다.

"학교에서는 돈 주고 그렇게 밤새우면서 일했잖아. 돈 받고 하는 일이니 어떻게 해서든지 해내는 게 맞는 것 같아."

당시 나에게 있어서는 매우 신선한 시각이었다. 또한 나의 태도까지 되짚어보게 해 준 마음을 울리는 조언이었다. 학교에서는 학비를 내면서도 학위를 따기 위한 절실함 때문에 1년 365일 하루도 빠짐없이 랩실을 오갔고, 교수님의 불합리한 지시 사항조차도 참아냈었다. 그런데 지금은 업무량이 조금 많기는 하지만, 부서장이 업무를 더 잘 해보라고 독려하고 있는 상황이 아닌가? 게다가 매달 꼬박꼬박 돈까지 쥐어주면서 말이다.

관점을 바꾸니 부서의 상황, 선배와 동료들의 상황이 이해되었다. 신생 부서의 신규 제품이고 아직 경험이 많지 않아서 모두 우왕좌왕이었다. 경쟁 업체들과 격전을 벌이는 중이어서 일은 많고, 인력은 턱없이 모자랐다. 내가 샘플을 측정하는 동안 동료들은 어떤 실험을 추가로 진행할지 고민하는 중이었고, 리더들은 여기저기서 터지는 사고 수습과 고객 대응으로 바빴다. 마음가짐을 바꾸니 뿌옇게 보이던 전체적인 상황이 명료하게 보이는 듯했고, 내가 처한 상황을 불평하는 것은 어리석어 보였다.

마음속의 불만들을 잠재우니 이런 상황을 헤쳐 나갈 마음도 생겼다. 시간 확보를 위해서 자동화도 꾸준히 지속했지만, 체력을 기르는 것 또한 시간 확보의 한 방향으로 고려하게 되었다. 하고 싶은 일을 하기 위해서는 잠을 줄이더라도 맑은 정신으로 버텨 줄 건강한 신체가 필요했다. 계속해서 늦은 시간 퇴근하는 날들이 이어졌지만, 달밤의 조깅과 스트레칭이 나의 일상에 추가되었다.

묵묵히 해야 할 일들을 하며 버티던 날들이 반 년 정도 지날 무렵, 과장님이 갑작스럽게 반복 측정 업무를 맡아 줄 사원을 고용해 주는 것이 어떻겠냐고 제안을 했다. 주요 업무가 유지 보수가 아닌 개발 부서 입장에서는 해당 인력을 고용하는 것이 여간 귀찮은 일이 아니었다. 과장님이 서류 더미에 묻힐 수도 있었다. 과장님이 후배 사원을 제안할 정도로 한 단계 성장한 내 자신이 보여 뿌듯했다. 그리고 이런 신입사원 시절의 경험들은 회사 생활이 힘들 때마다 나에게 마음을 다잡고 일어설 수 있도록 말한다. '불평의 마음을 지우고 묵묵히 버티면서 그냥 하면 된다.'라고 말이다.

❝

〈미생〉의 제목이 의미하는 것처럼,

우리 모두의 삶은 계속해서 만들어지는 중이다.

처음 사회생활을 시작하는 이들이 어려움에 봉착했을 때,

자신을 일으켜 세워 줄 튼튼한 초석을 만들어 냈으면 한다.

내가 어려운 일에 당면할 때마다

신입사원 시절을 떠올리고, 힘을 내듯이 말이다.

다시 한번,
뜨겁게

힘들었지만 특별했던 경험 속에서, 우리는 나 혼자가 아닌
서로가 서로에게, 선배가 후배에게, 때로는 후배가 선배에게
존재만으로 큰 힘이 된다는 것을 배웠다.
연수 기간 서로에게 의지하며 고단함을 견뎌온 것처럼, 현업에 가서도
선후배들과의 관계 속에서 앞으로 나아갈 힘을 찾을 수 있길 바란다.

입사 때 받은 회사 배지가 빛바랠 때 즈음, 다시 한번 동기부여를 얻게 된 순간이 있었다.

그건 바로 '신입사원 지도 선배'를 맡은 경험이다. 신입사원 때 가졌던 마음가짐이 해이해질 때쯤이라 더 그랬던 것 같다.

내가 입사할 때만 하더라도 그룹 연수가 있었다. 다른 계열사 입사자들과 동기가 되어 한 달 반 동안 연수를 받는 것이다. 새벽 기상 체조로 시작하는 교육 프로그램은 다양했다. 회사 역사를 공연으로 기획해 보고, 응원곡에 맞춰 칼군무를 연습하고, 회사 물건을 들고 연고 없는 도시로 가서 팔아보기도 했다. 연수 기간

에 이러한 프로그램을 준비하고 운영하는 이들은 외부 교육 업체가 아니라 현업에서 교육 파견을 온 선배들이었다. 어리바리했던 연수생 시절에는 이런 지도 선배들이 대단하게 느껴졌고, 많은 의지가 되기도 하였다.

연수 기간 중 가장 기억에 남는 것은, 마지막 수료식 때 옆에 있는 동기와 서로서로 회사 로고가 쓰인 배지를 달아주던 순간이었다. '드디어 나도 이곳 사람이 되었구나!'라고 느껴지는 감격의 시간이었다.

수료식이 끝나면 지원했던 사업부로 출근을 해 부서 배치를 받았다. 부서 배치 후에는 교육을 따로 받기는 하지만, 그때부터는 학교가 아니므로 OJTon-the-job training를 수행하며 신입사원의 좌충우돌 적응기가 시작된다.

동기 모두 각자의 자리에서 뿌리를 내리며, 어느덧 5년이 흘렀다. 맡은 업무도 어느 정도 익숙해지고, 다람쥐 쳇바퀴 돌듯이 관성과 근성으로 맡은 업무를 진행하고 있을 때쯤이었다. 팀 내에서 지도 선배 후보군으로 선발되었다며 부서장과 결정해서 회신을 달라는 메일을 받았다. 지도 선배 교육부터 파견까지 대략 3개월 정도 현업을 할 수 없다는 단점이 있었지만, 신입사원 교육 때 만났던 멋진 선배들처럼, 나도 누군가에게 그런 선배가 되고 싶다는 생각에 설렜다.

지도 선배 양성 교육은 3주 정도 진행되었다. 어느 정도 신입의 때가 조금은 벗겨진, 나와 비슷한 연차의 동기들이 교육 대상으로 참석하였으며, 신입사원 연수 시절과 마찬가지로 다양한 계열사 출신들로 구성되었다. 교육의 내용은 신입사원 연수와 비슷한 커리큘럼이었지만, 선배들이 가져야 할 소양에 대한 것들이 많았다. 그리고 중간중간 시험도 봐서, 잘 숙지하고 있는지 테스트를 진행했다. 그렇게 3주간의 현업보다 빡센 교육이 끝나고 차수별 지도 선배로 배정되었다. 내가 배정받은 장소는 신입사원 교육장 중 서울에서 가장 멀리 있다는 지리산 아래 위치한 연수원이었다.

서울에서 아침 일찍 출발한 후배들이 멀고도 먼 연수원에 도착하였다. 운동장에 집결하여 진행 선배의 간단한 인사와 함께 신입사원 연수가 시작되었다. 나보다 5살 정도 어렸던 후배들이 그때는 어찌나 앳되어 보이고 세대 차이가 느껴지던지, '요즘 애들은 말이지'라는 말을 선배들끼리 있을 때 꽤 자주 했던 것 같다. 지금 생각해 보면 '어지간히 선배 노릇을 하고 싶었구나' 하는 생각에 부끄러움이 밀려온다.

그렇게 시작된 연수는 계획된 커리큘럼대로 순탄하게 진행되었고, 선배들은 맡은 역할을 충실히 하며 낮에는 프로그램 운영을 하고, 밤에는 후배들이 작성한 수련기를 하나하나 읽으며 응원 및 격려의 글을 남겼다. 내가 연수원에 있을 시절에는 수련기라고 적힌 노트에 정말 초등학생 일기처럼 하루에 한 페이지씩 수기로 작성하였지만, 5년의 세월이 지난 그 시절에는 교육용 노트북이 연수생들에게 하나씩 제공이 되어 정해진 교육 플랫폼에 들어가 수련기를 작성할 수 있었다. 그렇게 후배들과 소통하는 방법도 세월에 따라 많이 진화해 갔다. 매일매일 20명의 후배의 글을 읽고 피드백을 하기가 쉽지는 않았지만, 그래도 따뜻한 응원과 격려를 전하기 위해 새벽까지 무거운 눈꺼풀을 들어 올리며 진심 어린 한 마디 한 마디를 자판에 옮겨 담았다.

연수원 생활 중 선후배들이 더 가까워지는 순간이 있었는데, 'BP'라고 불리었던 'Birthday Party 이벤트'였다. 생일자들에게는 어떠한 구실을 만들어서라도 연수를 중단하고 집으로 돌아가야 한다는 어마어마한 빅뉴스를 통보한다는 내용이었다. 생일자들은 퇴소하기 전, 동기들 앞에서 인사를 하는 시간을 가진다. 그 순간 불이 꺼지면서 미리 세팅해둔, 반가운 부모님의 생일 축하 영상이 나오고 선배들이 미리 준비한 생일 파티를 시작한다. 이 BP 이벤트는 생일 축하와 함께 그동안 아무 탈 없이 연수 기간을 보내온 후배들을 향한 선배들의 고마움의 표시이기도 하였다. 또한 그들에게는 회사에서 전혀 만나볼 일 없는, 다른 계열사의 사람들이 신입사원 연수라는 이유로 함께 모여 회사 생활의 첫

단추를 무사히 잘 끼웠다는 것만으로 자축의 의미가 있었다. 그 동안 근엄한 지도 선배의 이미지를 잠시 벗고 다정한 언니, 오빠가 되어 후배들과 따스하게 눈을 맞추며 잊지 못할 추억을 나누었다. 고단했던 우리의 여정이 그렇게 끝나가고 있었다.

한 달 반이 지나 드디어 수료식을 하게 되었다. 5년 전 이곳에서 멋진 직장인으로 나아갈 것을 스스로에게 다짐했던 순간이 떠오르면서, 지금도 그 마음으로 살아가고 있는지 나에게 질문해 보았다. 부끄럽게도 무슨 일이든 다 이룰 수 있을 것만 같았던, 웅장했던 그때의 그 마음이 그리 오래가지는 않았던 것 같다. 입사 5년 차쯤 되니, 신입사원 시절 품었던 나의 꿈은 잊은 채 하루하루 당면한 과제들을 해결하기 급급했다. 그랬던 내가 지도 선배 입장으로 신입사원 연수에 참여해 눈을 반짝이며 최선을 다하는 후배들의 열정을 느끼게 된 덕에 다시 한번 뜨거워질 수 있었다.

지금 돌이켜 생각해 보면 한 달 반이라는 연수 동안 우리가 배운 것이 회사에 대한 역사, 애사심, 회사 생활에 대한 에티켓만 있었던 것은 아니었다. 힘들었지만 특별했던 경험 속에서 우리는 나 혼자가 아닌 서로가 서로에게, 선배가 후배에게, 때로는 후배가 선배에게 존재만으로 큰 힘이 된다는 것을 배웠던 것 같다.

이런 경험은 현업에 돌아가서 새로운 선후배들과의 관계에서도 똑같이 적용될 수 있으리라 생각된다.

"

사회에 첫발을 내딛는 후배들이 힘든 순간 서로에게 의지하며

연수 기간의 고단함을 견뎌온 것처럼, 현업에 가서도

선후배들과의 관계 속에서 앞으로 나아갈 힘을 찾을 수 있길 바란다.

그리고 아무것도 묻지도 따지지도 않고 덮어 놓고 편들어줄 한 사람이

그들과 보조를 맞춰 나란히 걸어가고 있다는 사실을 잊지 않았으면 좋겠다.

나의 든든한
지원군들

지금은 꽤 오랜 시간 회사원으로 인생 짬이라는 것을 먹은 덕분에
'낯섦'을 '설렘'으로 살짝 변조하여 두려움을 덮기도 한다.
하지만 사회에 첫발을 디뎠던 20대는 그 두려움을 이기기 위해
굉장한 노력을 했던 시간이었다.

'똑똑' 하는 소리와 함께 조심스럽게 면담실 문이 열리며, 약간
은 상기된 얼굴의 후배 사원이 들어왔다. 입사한 지 8개월 차, 아
직도 익숙한 것보다 낯선 것이 많은지 내딛는 걸음에도 조심성
이 묻어난다.

"지난 주말은 날씨가 엄청 좋았는데, 어떻게 지냈어?"

일단 가벼운 말로 면담을 시작했다. 업무가 미숙해서 많이 부
족한 것 같다는 고민거리를 털어놓으며 "부장님은 그때 어떠셨

어요?"라는 질문을 받았다. 그 짧은 한마디에 내 앞에 놓인 텀블러의 조용히 흘러나오던 따뜻한 차향에서 내가 입사했던 당시의 시간이 느껴졌다.

대학을 다니던 90년대 중반만 하더라도 남녀 차별이라는 것이 만연하던 시대였다. 그런 탓에 나도 한 명의 엔지니어로서 '동등하게 대우받자'고 결연히 마음먹고도, 커피 타기 정도의 잔심부름은 당연히 여자인 내 몫이라고 생각하고 있었다.

내가 우리 부서를 마음에 담게 된 첫 번째 계기도 역시 바로 그 '커피 타기'였다. 지금은 커피믹스를 잘 선호하지 않지만, 그 당시 커피는 의례 종이컵에 적당한 비율로 타는 커피믹스였다. 커피를 마시지 않는 나에게 커피는 알맞게 물 맞추는 것도 어려운 일이라 언제 커피를 타게 될지 항시 긴장을 하고 있어야만 했다.

그러던 어느 날, 과장님의 "책 뜯기 하자"라는 말과 동시에 테이블에 두꺼운 데이터 북이 올려졌고, 선배들이 빙 둘러서서 순서대로 책을 펼치기 시작했다. 책을 펼쳐서 나온 일의 자리 숫자가 그날의 날짜 뒷자리와 일치하면 커피 타기의 당번에서 빠질 수 있고, 최후로 남은 사람이 패자가 되어 커피 담당이 되는 일종의 이벤트였다.

얼떨결에 나도 책 뜯기에 참여하였고, 결과는 과장님이 최후의 패자가 되었다. 과장님은 쟁반을 들고, 커피와 차 주문을 받았다. 송구한 마음에 한걸음 삐죽이 빠져 있는 내게도 차 주문을 받으시고는 쟁반 가득 믹스 커피와 차를 타 오셨다. 그 이후로도 매일 커피 담당 뽑기 책 뜯기는 반복되었고, 신입사원인 나도 다른 직급과 동등한 확률의 기회로 커피 담당을 맡게 되었다.

'우리 부서 꽤 마음에 드는데' 하는 마음이 자리 잡을 때쯤, 이 부서에 뼈를 묻겠다는 마음을 굳히게 된 사건이 벌어졌다. 내가 속한 프로젝트가 연구소 개발을 마치고 양산하게 되어 사무실 이동을 했다. 부서 막내였던 내 자리는 무언의 룰에 따라 최고 우두머리인 부장님의 최근접 위치였다.

어느 날 저녁, 다른 부서의 부장님께서 우리 부서 부장님과 논의할 것이 있다며 서류 한 뭉치를 들고 찾아오셨다. 그 서류 뭉치는 "자네, 이것 좀 복사해 주게."라는 말과 함께 곧장 내게로 향했다. 그러자, 우리 부장님이 정색한 얼굴로 황급히 일어나셔서 "그 사람은 그런 일을 하는 사람이 아닙니다. 엔지니어입니다."라고 말씀하시고는 머쓱해하는 상대방의 손에서 서류를 빼내어 성큼성큼 복사실로 가셨다(당시 복사 등의 업무는 서무나 엔지니어 보조원분들이 주로 담당을 했다). 순식간의 상황에 너무 당황한 나는 "괜찮습니다. 제가 해도 되는데요….."라고 속삭이듯 내뱉고는 멍하니 태평양처럼 넓어진 부장님 뒷모습만 바라보며 자리에 우두커니 서 있었다.

당시 기숙사에 살던 나는 퇴근 후 룸메이트들과 그날의 사건을 이야기하며 우리 부서가 정말 마음에 든다고 했던 기억이 난다. 사실은 부서가 마음에 들었다기보다는 부서의 구성원인 선배님들이 나를 엔지니어로서 '동등하게' 대해 주는 것이 마음에 들었던 것이다.

엔지니어로서 빨리 적응해야겠다는 마음과 달리 나의 실력은 한참 모자라 미숙함에 힘들어했던 일들도 있었다.

수명 업무 중 시스템 코딩으로 데이터를 산출하는 일이었다. 코딩이라는 것이 단어 하나만 잘못 입력해도 동작을 멈추는 중대한 일이라 컴퓨터라고는 엑셀과 그래프 그리는 교육만 받은 것이 전부였던 내게는 무척이나 어려운 일이었다. 주변 선배들에게 도움을 요청하면 좋았을 것을 하필이면 그 당시 선배들이 너무 바빠 보였고, 한편으로는 "그것도 못 하냐."라는 말을 들을까 싶어 혼자 끙끙거리고 있었다. 다음날 아침, 결과를 리뷰하기로 되어 있었지만, 전날 밤 열 시까지 붙잡아 놓고도 결국 해결하지 못한 상태였다. 걱정을 잔뜩 안고 퇴근하면서 친구에게 전화를 걸었다.

"어떡하지? 아무것도 못 했는데…. 난 왜 이런 것도 못 하지?
흐엉…"

펑펑 울면서 친구에게 하소연을 하고 그간 잔뜩 쌓였던 걱정을 쏟아냈다. 결국 다음날 빈손으로 출근하니 선배가 의외의 말을 건넸다.

"뭘 그런 걸 가지고 고민했어. 물어보고 하면 되지."

선배는 코딩에서 잘못 입력된 단어 몇 군데를 수정하며 너무나도 가뿐히 해결해 주었다. 다행히 질책은 전혀 없이 친절하게 해결해 주던 그 선배는 그 순간 나의 빛이자 구원자였다.

그러나 나는 경험이 부족하고 익숙하지 않은 일에는 누구나 그럴 수 있다는 것을 한 번에 깨닫지는 못했다. 나 스스로 부족하다는 생각에 혼자 끙끙거리고 자책하며 고민했던 적이 그 후에도 종종 있었지만, 주변의 선배들 덕분에 그래도 빨리 혼자만의 소용돌이에서 벗어날 수 있었다.

그랬던 나의 풋내기 과정을 내 앞의 이 친구도 똑같이 겪고 있다고 생각하니 괜스레 미소가 떠올랐다.

"왜 그러세요? 부장님."
"아, J님 보니까 나도 그랬던 때가 생각나서."
"부장님도 그러셨던 때가 있었다구요? 전혀 상상이 안돼요."

"처음은 누구나 다 시간이 걸리고 어려워. 괜찮아, 지금 하는 일들도 계단 올라가듯 하나씩 밟아서 올라가면 선배들처럼 잘할 수 있어. 조급해하지 않아도 돼."

이 말은 비단 내 앞의 경험 적은 신입사원뿐 아니라 소싯적의 나에게도 전하고 싶은 메시지다. 면담을 마친 후배는 그새 한 뼘 더 커 보이는 그림자를 남기고 가벼운 발걸음을 옮겼다.

무언가 완성한다는 것은 최고의 상태로 맺음을 해야 하는 것이라 생각했다. 그래서 나를 더 채찍질하며 힘들게 했던 것 같다. 돌이켜보면 혼자 분투한다고 생각했을 때에도 항상 나를 이끌어주고, 때로는 한걸음 떨어져서 믿음으로 기다려주던 선배 또는 동료들의 응원이 있었다. 그래서 미처 그것을 깨닫지 못하고 지난 후에야 알게 되는 고마움과 그에 대해 표현하지 못한 나의 아쉬움이 더 크기도 하다.

❝

'완성'이란 것을 여백, 즉 주변을 돌아볼 마음의 여유와 함께했다면

훨씬 더 빛이 나지 않았을까 싶기도 하다.

첫걸음을 시작했던 그때의 나를 만난다면 완성의 의미를

"해야만 해."가 아니라 "할 수 있어. 응원한다."라고 말해 주고 싶다.

2장

어느덧 찾아온
성취의 순간

우리 모두 어딘가는
비대칭이다

⏻

아! 완벽해야 아름다운 것은 아니구나.
한 치의 오차도 없이 정교한 예술도 있지만,
이렇게 푸근한 것도 작품이 되는구나.
그렇다면 나도 나만의 모습으로 괜찮은 예술품이 되지 않을까?
비록 완벽하지 않더라도 말이야.

"뭐야~ 이거 80nm인데 79nm로 그려져 있어. 다시 그리세요."

입사한 지 3년 차, 주말 출근으로 열심히 일한 뒤 퇴근 직전 선배에게 확인받다 들었던 지적 사항이다. 반도체 회로에서는 1nm 차이도 허용되지 않는다. 결국 모두 다시 수정해야 했다. 난 왜 아직 이 모양일까, 내 자신이 한심스러웠다.

입사 초기에는 반도체 회로 패턴 측정을 위해 칩 내 좌표를 전달하는 일에서도 자주 실수가 있었다. 숫자를 잘못 적기도 했고, 일정 수치를 더해서 전달해야 하는데 빠트리기도 했다. 어려운 것이면 납득이라도 가지만 이런 사소한 일에서 실수하는 내가 나도 미웠다.

　입사 동기끼리 모이면 승진이 단골 주제였다. 능력이 뛰어나 먼저 진급되는 특진을 노리는 동기도 있었다. '특진'이란 말도 이때 처음 알았고, 나와는 너무 먼 얘기로만 들렸다. 입사한 지 6년이 지났지만 내 술자리 고민은 '왜 이렇게 일을 못 하지?'였다. 몇 년째 계속 '다' 고과만 받아온지라 제때 책임으로 올라갈까 걱정스러웠다. 같이 일하는 선배에 비하면 한참 부족했고, 여전히 실수도 많았다. 동기들은 그런 나를 측은하게 바라봐 주기도 하고, 잘하고 있다고 애써 격려해 주기도 했다.

　그러다 선임 3년 차에 일복이 터졌다. 상무님 지시로 새로운 시스템이 도입됐다. 소자를 그리면 원하는 타입에 맞게 그렸는지 검증하는 시스템이었다. 다른 팀에서 사용하는 시스템을 우리 팀에 맞게 변환해야 해서 새로운 프로그램도 익혀야 했다. 일 년 내내 그 업무에만 매달렸다. 부서 내 총무 역할을 돌아가며 했는데, 그해에는 내가 맡게 되었다. 매달 회식 장소를 정하고 부서원 생일 등 이벤트를 챙겼다.

　회사 생활에 활력을 주겠다는 생각에 사내 동호회에 가입했다. 노래 부르는 것을 좋아해 사내 합창단에 들어갔는데 운영진에도 합류하게 되었다. 그러자 매주 한 번 있는 연습에는 무조건 참석해야 했다. 가을 공연은 봄부터 준비했다. 공연장을 대관하고, 그해 공연 콘셉트를 논의하거나 연습을 위해 여름부터는 주 2회씩 모이게 되었다. 운영진 무게를 절절하게 느낀 시간이었다.

게다가 결혼 준비도 하게 되었다. 3월쯤 진지하게 만나겠다고 부모님께 소개하러 갔는데 결혼 얘기가 시작되어 버렸다. 한 달 뒤 상견례를 했고, 가을에 식을 올리자는 이야기가 나온 뒤 일사천리로 모든 것이 진행되었다.

정신없이 한 해를 보내고 그해 말 처음으로 최상위 고과를 받았다. 시스템 신규 셋업을 한 것이 가장 크게 인정을 받았고, 총무 역할을 한 것도 영향을 준 듯했다. 주변인 평가에서도 좋은 피드백이 많았다는 말에 뿌듯했다. 내년엔 노말 고과를 받아도 진급하는 데는 문제가 없겠다는 생각에 한시름 놓았다.

회사는 2월 마지막 날 승격자 발표를 한다. 다른 분을 축하해줄 마음으로 출근했는데 뜻밖에도 내 이름이 보였다. 진급기준이 4년 동안 몇 점 이상이라는 것만 알고 있었는데, 3년에 몇 점 이상이면 특진을 한다는 기준은 전혀 몰랐다. 무척이나 당황스러운 순간이었다.

내가 입사했을 당시 선배가 책임으로 막 승진을 했었다. 그때의 선배와 나를 비교해 보자니 아직도 한참 부족해 보였다. '선배처럼 할 수 있을까? 그 정도의 능력이 있나?' 덜컥 겁이 났다. '책임인데 이 정도밖에 안 돼?' 하는 소리가 심장을 두드렸다.

그날 저녁 가족들과 축하 파티도 했지만, 여전히 얼떨떨했다. '특진은 엄청 잘난 사람만 하는 거 아닌가? 올해만 좀 일이 많았고 운이 좋았던 것뿐인데 이런 내가 해도 될까?', '남들이 부족한 걸 눈치채면 어쩌지? 더 큰 일이 주어질 텐데 내가 할 수 있을까?'

이런저런 고민들로 즐겁기보단 걱정과 불안에 휩싸였다.

공휴일이었던 다음 날, 남편은 일이 있다며 출근했다. 혼자 집에 있기 싫어 리움 미술관을 찾았다. 내일부턴 어떤 마음으로 지내야 하나 여전히 고민스러웠다. 조용한 공간에서 혼자 마음을 정리하고 싶은 생각에 들른 것이다. 이곳저곳을 둘러보는데 달항아리 작품이 눈에 들어왔다. 크고 둥근 쌀독 같은 항아리를 보고 있자니 마음이 푸근해졌다. 자세히 보니 달항아리 좌우가 비대칭이었다. 고려청자나 백자의 매끈하고 완벽한 모습이 아니었다. 대칭성이나 완전함을 기준으로 한다면 이건 어디 모자란 게 아닌가, 싶었다. '어떻게 예술품이 되었을까? 커서 그랬나? 오래전에 만들어져서 가치가 있는 걸까?' 이런 생각을 하며 가까이 다가가 들여다봤다.

눈앞에서 직관한 달항아리는 다른 작품보다 계속 보게 하는 힘이 있었다. 보고 있으면 마음이 편안해졌다. 언제나 따뜻하게 안아주는 엄마를 보는 기분이랄까? 품이 넉넉해서 누구든 기댈 수 있게 하는 사람 같기도 했다.

그때 느꼈다. 아! 완벽해야 아름다운 것은 아니구나. 한 치의 오차도 없이 정교한 예술도 있지만, 이렇게 푸근한 것도 예술이 되는구나.

그렇다면 나도 나만의 모습으로 괜찮은 책임이 될 수 있는 거 아닐까? 비록 완벽하지 않더라도 말이야.

왠지 달항아리가 나를 응원해 주는 것 같았다. 그래도 된다고. 그것도 맞다고.

달항아리는 떨고 있는 나를 안아주었다. 정답에 맞추려 할수록 계속 어긋나는 나를, 불안한 시선으로 바라보는 나 자신을 말이다. 작품을 보며 처음 그 생각에 실금이 갔다. '꼭 그래야 하는 건 아니야. 정답이라고 믿는 것에 나를 맞추지 말자. 정답은 없어. 각자만의 답이 있을 뿐. 나만의 답을 찾아보자. 선배와 비교하던 시선을 거두고, 나만의 장점을 찾아보자'라고 생각했다.

여전히 윗분이 생각하는 정답에 맞을지 눈치를 본다. 후배에게 이게 정답이라고 내 생각을 강요하기도 한다.

❝

아직도 부족한 모습이지만 그럴 때마다 크고 푸근한 달항아리를 떠올린다.

완벽이 아닌 '나다움'을 만들어가길 바라며.

나라는 작품도 누군가 보기에는 아름답길 바라며.

때로는 갑자기
리더가 된다

**'삶'이라는 도로 앞에 커다란 돌덩이가 내려앉았을 때
나를 일으켜 준 것은 동료들의 격려와 따뜻한 말들이었다.
또 때로는 막연히 잘 되겠거니 생각하는 것도 나쁘지 않다.
그룹장에게 제안을 받았던 그때의 나에게 가서 이렇게 얘기해 주고 싶다.
"걱정 마. 너도 할 수 있어. 잘 될 거야."**

육아휴직을 마치고 복직한 지 8개월쯤 지난 때였다. 일주일간의 여름 휴가를 다녀왔을 때 그룹장님이 갑자기 나를 불렀다. 같이 일하던 파트장이 회사를 그만둔다며 내가 그 자리를 대신할 수 있겠냐는 제안을 하였다. 파트장, 그룹장, 담당 임원, 팀장으로 올라가는 우리 팀의 구조에서 파트장부터는 관리자이면서 리더에 속하는 자리다. 제안의 끝에 그룹장은 내가 거절하면 마땅한 사람이 없다는 얘기를 덧붙였다.

"이걸요? 제가요? 왜요?"

어리둥절한 마음에 이렇게 시작한 대화를 '대안이 없다면 해보겠다'는 말로 끝내고 무거운 마음으로 회의실을 나왔다. 육아 휴직을 하기 전에도 작은 조직의 파트장 역할을 했었다. 하지만 그때는 다른 과제를 하던 다섯 명이 팀을 꾸려서 새로운 과제를 하는 것이었고, 지금은 열다섯 명이 넘는 구성원들로 이루어진 오래된 조직의 파트장 자리를 대신하는 것이었다. 대부분의 구성원들이 나보다 경험이 많았고, 나는 잘 갖춰진 팀에 굴러 들어가는 경력 입사자인 셈이다. 아무것도 모르는 내가 나보다 더 경력이 많은 사람의 리더 역할을 해야 한다는 것이 나의 첫 두려움이었다.

어느 날 갑자기 맡은 리더 역할에서 가장 어려웠던 것은 나만의 리더상을 갖추는 것이었다.

지금까지 내가 경험했던 리더는 모든 상황과 정답을 이미 알고 진두지휘하는 사람이었다. 조종석에 앉은 리더가 조작부를 다루고 팀원은 손발이 되어 일하는 것이 내가 생각한 리더의 단편적인 모습이었다.

하지만 고작 8개월의 적응 기간으로는 몇 년씩 여러 과제를 하면서 경험을 쌓은 이들의 배경 지식이나 기술의 모든 것을 다 알기는 어려웠다. 그럼에도 불구하고 무엇이든 해야 하니 나에게 맞는 새로운 리더의 모습을 찾아야 했다. 고민 끝에 나는 무엇이든 답해주는 리더는 못 될지언정, '질문하고 문제를 알아채는 리더가 되어야겠다'고 생각했다.

자신감이 없어질 때마다 척척박사가 되는 대신 나보다 뛰어난 부서원들을 믿고 이들의 조합으로 답을 찾는 게 훨씬 나을 거라며 스스로를 설득했다. 부서원들은 직접 개발을 하는 사람이고, 나는 업무를 할당하고 관리하고 그들이 놓친 것을 메우는 사람이라고 마인드 컨트롤을 하면서 하루하루를 버텼다. 그리고 모르는 것을 인정하고 내 동료이자 선배인 부서원들에게 수없이 질문했다. 그들의 설명을 논리적으로 이해하고 납득할 수 있는지 확인하려고 애쓰며, 빠진 것을 채우고 경험을 쌓으면서 조금씩 자신감이 생겼다.

나만의 리더 모습을 정하고 난 다음에는 일을 나누는 연습을 해야 했다.

처음에는 다른 사람에게 업무를 지시하는 것이 쉽지 않았다. 리더가 되기 전에는 맡은 일을 혼자서 해냄으로써 내 역할을 잘하고 있다며 증명했었는데, 이제는 일을 넘겨야 잘하는 것이다 보니 매번 걱정이 가득했다.

'이 일을 넘기면 내가 하기 싫어서 떠넘기는 것처럼 보이지 않나?'
'적합한 담당자에게 일을 준 것일까?'

'파트원들이 업무 지시를 하는 나를 싫어하거나 실수하는 나를 무능하다고 생각하지 않을까?'

나의 이런 고민을 알아챈 그룹장은, 업무에 도움이 될 만한 책을 주기도 하고, 리더는 자기 능력으로 일을 하는 것이 아니라 다른 사람에게 동기부여를 해서 일할 맛을 나게 해야 한다는 조언과 함께, 그러기 위해선 적재적소에 알맞은 업무를 위임해야 한다는 얘기도 덧붙이셨다. 그 말에 힘을 얻어 혼자 하던 일을 덜어내고 파트 전체를 위한 일이나 조직의 미래와 관련 있는 일들을 찾아보기 시작했다.

리더가 해야 하는 일 중에 지금까지도 익숙해지지 않는 것은 구성원과의 면담이다. 하루아침에 동료에서 평가자로 달라진 관계 때문에 모든 대화가 어색했다. 대부분의 면담은 내가 먼저 제안하지만, 면담 약속이 잡히면 큰 발표를 앞두었을 때처럼 늘 심장이 두근댔다. 특히 말수가 적어서 대화를 끌어내기 어려운 부서원과 얘기해야 할 때는 더 그랬다. 다른 사람과의 교류에 에너지를 많이 소진하는 타입이라 긴밀하게 대화하는 1대1 대화를 30분 이상씩 하루에 수차례 하는 날이면 에너지가 바닥났다.

몇 번의 면담을 하고 나서 나름대로 내가 찾아낸 해결책은 면담 횟수와 시간을 조정하는 것이었다. 최대 하루 두 번, 오전과 오후로 멀리 떨어뜨려서 미리 약속을 정하고, 무슨 얘기를 할지 생각하며 마음의 준비를 한다. 때로는 동료 파트장들에게 노하우를 배우기도 하고, 전문 코칭도 배워가며 익숙해지려고 애쓴다. 그래도 사람을 대하는 일은 여전히 쉽지 않다.

나는 리더라는 새로운 역할을 하면서 관심사도 다양해지고 평소 생각조차 안 해 본 것들도 고민하게 되었다. 단순히 일을 시키는 사람이 아니라 경험을 통해 커리어를 만들게 돕는 사람이 되고 싶다는 욕심도 생겼다. 때로는 사람으로 인해 힘들기도 하고, 일에 대한 책임감에 마음을 졸이기도 한다. 나는 후회도 많이 하고, 무엇 하나도 걱정 없이는 앞으로 나아갈 수가 없는 사람이지만, 그 당시 그룹장의 제안을 거절하지 않은 것은 참 잘한 일이다.

❝

지금도 나는 내 잘못들과, 미처 못한 일들과, 결정적 상황에 마주하는

내 약점들을 상기하면서 자책과 걱정을 주기적으로 하고 있다.

그때도 나를 붙들어 주는 것은 동료들의 격려와 따뜻한 말들이다.

그리고 때로는 그들을 믿고 막연히 잘 되겠거니 생각하는 것도 도움이 된다.

처음 제안을 받았던 그때의 나에게, 리더를 꿈꾸는 오늘의 당신에게

이렇게 얘기하고 싶다.

"걱정 마. 너도 할 수 있어. 잘 될 거야."

못다 이룬
현모양처의 꿈

⏻

빠듯한 현실 속에서 현모양처의 꿈은
내 것이 아닌 고전 이야기 속의 서사로 남겨졌고,
시인이자 화가로, 그보다 현명한 어머니로 기억된 신사임당은
세종대왕보다 더 귀하고 반가운
지폐 속의 위인으로만 기억되었다.

나의 어릴 적 꿈은 현모양처였다. 하지만 현실은 뜻대로 되지 않았다. 나도 남들처럼 대학을 졸업하고 직장을 다니며 결혼을 하고, 아이를 낳았다. 새벽잠을 물리고 가족들의 아침을 챙긴 뒤 출근하면, 반쯤 안드로메다로 향해버린 정신을 간신히 붙들고 업무를 시작했다. 어제 미뤄둔 업무를 빠짐없이 꼭 처리해야지 하고 굳게 마음먹지만, 오늘은 어제와 다른 새로운 태양이 뜨듯이 오늘의 새로운 업무가 병풍처럼 펼쳐졌다. 갑작스럽게 불량 발생 보고라도 들어오는 날에는 '오늘도 집에 일찍 가긴 글렀구나'라는 말이 절로 나왔다. 어쩌다 계획된 일이 산뜻하게 마무

리되는 날이면 때맞춰 소소한 긴급 회식, 일명 '포인트'가 출몰했다. 상사와 동료들의 동참의 눈빛에 '그래, 잠깐만 참석하고 빨리 들어가자' 하고 마음먹고 나서지만, 시간은 순식간에 지나가고, 술 먹은 무거운 다리를 끌고 자정이 다 돼 집에 도착하게 된다.

늦은 시간 나를 반겨주는 것은 엄마를 기다리다 잠든 아이들의 알림장이었다. 학용품 외에도 오직 부모의 정성으로만 해결되는 준비물들, 예를 들어 크기와 모양이 다른 나뭇잎 가져오기, 동네 조사하기, 가지로 만든 음식 먹고 오기 등, 내가 초등학교를 다녔을 때와는 사뭇 다른 것들이 엄마의 자격 여부를 테스트하곤 했다.

주말이나 어쩌다 보너스처럼 얻어진 공휴일에는 아이들을 위해 쿠키나 과자를 직접 만들어 주며 자상한 엄마의 모습을 보여주려 하였다. 그러나 그것도 이내 나의 영역이 아니라는 것을 깨닫고 접어두곤 했다.

'양처'의 현실도 별반 다르지는 않았다. 내가 그리던 모습은 출근하는 남편의 옷을 챙겨주며, 아이의 손을 잡고 서서 현관문을 나서는 남편에게 모닝 키스를 전하는 것이었다. 그러나 단 한 번도 남편보다 늦게 출근한 적이 없는 내게 아침 출근 인사는 꿈속의 일이었다. 게다가 늦은 퇴근 탓에 배달 음식으로 가족들 식사를 대체하는 것은 양심의 가책이 되었다. 귀가가 늦더라도 음식을 준비해 두고 깨끗한 가정을 위해 노력했지만, 피곤에 찌든 퇴근길, 마음만 무거워진 채 현실에 굴복할 수밖에 없었다.

그렇게 현모양처와는 거리가 먼 생활 속에서 근근이 삶을 영위하던 내게도 수석 진급의 시간이 왔다. 회사에 첫발을 내디디던 때는 수석 엔지니어의 'ㅅ'도 상상하기 어려웠는데, 인고의 시간이 지나니 내 것이 되었다. 결혼한 뒤, 회사를 그만두면 어쩌나 하는 불안한 시선들이 있었다. 그런 불안함을 거두지 못하는 선배와 동료들에게 믿음을 주는 것이 무엇보다 중요했다. 그래서 나는 책임감을 증명해 보이려고 부단히 노력했다. 적극적으로 업무에 임하며, 누가 보아도 부정할 수 없는 성과를 내고 진급을 했다.

그래서인지 다른 남자 동기들과의 경쟁에서 뒤처지지 않고 살아남았다는 안도감이 들며, 처음 입사했을 때에 버금가는 기쁨을 느꼈다. 입사 후 가장 뜻깊은 순간이기도 했다.

수석으로 진급한 후 임원 및 여러 선배들과 함께하는 진급 축하 회식이 있었다. 희소성이 있는 여성 수석 엔지니어 타이틀 때문인지, 그 어느 때보다 뜨거운 술잔이 오갔다. 그리고 술자리에서 빠지면 서운한 건배사의 시간이 왔다. 먼저 임원에 이어 선배들의 축하 건배사가 이어졌다. 마지막으로 나를 비롯한 진급자들의 진급에 대한 소회所懷의 시간이 되었다. 미리 예견된 상황이긴 했지만, 무어라 말해야 할지 생각만 하고 마땅한 것이 떠오르지 않아 고심하고 있었다. 그때 선배 중에 한 분이 "어렸을 때 내 꿈은 말이야…." 하고 술안주로 너스레를 늘어놓고 있었다. 그 순간 내가 잊고 있던 네 글자의 꿈, '현모양처'가 스치듯 지나갔다. 자연스레 나는 감회를 이렇게 이야기했다.

"제 꿈은 원래 현모양처였습니다. 하지만 집에 있는 시간이 너무 짧아 그 꿈을 실현할 수 없었습니다. 그래서 저는 그 꿈을 회사에서 펼쳐 보겠습니다. 선배님들의 뜻을 따라 잘 보필하고, 현명한 어머니처럼 후배들을 잘 키우는 그런 현모양처가 되어 저도 함께 성장하는 회사의 신사임당이 되어보겠습니다."

수석이 되기 전 사원이나 책임의 시절에는 내 업무의 성과가 돋보이는 것이 중요했다. 그러나 수석이 되고 파트의 리더가 되면서부터는 혼자서 할 수 있는 일은 거의 없었다. 아니 없다기보다는 전체 흐름을 확인한 뒤 오직 효율성만을 위해 파트원들과 역할을 나눠 업무 방향을 잡게 되었다. 그렇게 각자의 위치에서 잘 짜여진 합처럼 팀워크를 빛냈지만, 영원한 것은 없었다. 프로젝트에 따라 조직 변동이 많은 부서의 특성상, 파트원들의 이동이 잦았다. 누군가 떠난 빈자리는 새로운 인물, 신입사원으로 채워지곤 했는데 구성원이 바뀌어도 업무의 목표와 성과는 변함이 없었다. 그래서 신입사원을 기초부터 단단히 가르치는 것은 매우 중요한 일이었다.

갓 입사해서 혼자서 할 수 있는 것이 없어 사수의 뒤만 졸졸 따라다니던 노란 병아리들은 좌충우돌 이리저리 부딪히고 넘어지며 자랐다. 시간이 지나 어느새 의젓한 중견 닭이 되어 토론하고, 쟁취하고, 때론 깨지기도 하는 모습은 흡사 아이들이 태어나 성장하는 모습과 유사했다. 나는 그런 후배들이 더욱 튼튼히 자라도록 고농도의 영양가를 골라 업무 지식과 노하우 등을 전해주었다. 가끔은 난관에 부딪혀 힘들어하는 모습에는 격려와 위로를 건넸다.

가장 기분 좋을 때는 나랑 같이 업무를 했던 후배들에 대해 다른 사람들이 "K님이 ○○수석과 같이 있었지? 엄청 많이 도움되고 있어. 보내줘서 고마워."라고 하는 말을 들을 때이다. 나의 업무 평가 결과도 중요하긴 했지만, 나랑 같이 일했던 친구들이 평가를 잘 받으면 세상에 그 무엇보다 높은 '어깨 뽕'을 장착하게 된다.

66

어느 순간, 슬그머니 다시 마음속에 자리 잡은 '현모양처'라는 네 글자.

이제는 아이들이 튼튼히 자기 몫을 잘하도록 훈육하는,

인자하지만 때로는 엄한 엄마의 마음으로 후배들과 생활하고 있다.

닮고 싶은 선배이자 언제든 쉴 수 있는 든든한 그루터기 같은 엄마의 모습을

갖추기 위해 나도 공부하고 배우며 그 안에서 성장하고 끊임없이 달려가고 있다.

누군가의 현모양처가 되기 위해.

연륜을 머금은
할아버지 멘토와의 시간

⏻

누구라도 괜찮다.
배울 점이 있는 사람을 찾아라.

신입사원으로 부서에 배치된 지 일주일째 즈음이었던 것 같다. 흰머리가 희끗희끗한 할아버지가 회색 양복을 곱게 차려입고, 밤늦은 시간에 차분히 실험하는 것을 본 적이 있었다. 싱글싱글 웃는 상의 귀여운 할아버지였다. 드문 광경이어서 넋을 잃고 시선을 빼앗겼었다. 동료들에게 물어보니 일본에서 고문으로 모셔왔다 한다. 이것이 나의 할아버지 멘토에 대한 첫 기억이다.

입사할 때, 성장 가능성이 큰 신사업 추진 부서에 지원했었다. 몇 년간 부서는 지속적으로 확장을 거듭했고, 바쁜 업무로 인해 부서 내에서 논문을 거의 제출하지 않는 시기였다. 하지만 엄청

남 양의 실험들을 감행했던 파트 동료들과 나는 시간을 쪼개어 논문을 하나 썼고, 제1저자로 내 이름을 올렸다. 부서에서 이제 자리를 잡았구나, 하는 마음이 들었다. 그런데 벚꽃이 흐드러지게 핀 4월의 어느 봄날, 나는 다른 파트로의 파견 요청을 받았다.

"네가 평가/고객 대응 파트에 1년 파견 좀 가 줘야겠다."

"네? 저는 가고 싶지 않습니다."

"나도 보내지 않으려고 버틸 만큼 버텼어. 논문 쓴 게 눈에 너무 띄었나 봐. 겨우 키워 놨더니 보내야 해서 나도 힘들다."

반년이 넘도록, 나는 파견된 곳에서 다른 동료들에게 나의 지식과 경험들을 퍼주고만 있는 상황이었다. 도태될까 봐 마음이 불안해지고 있던 어느 날, 첫인상이 강렬했던 할아버지 연구원을 만났다. 그 분은 삼고초려로 다시 모셔온 분이라고 했다. 우리 부서의 역사는 5년도 되지 않았는데, 할아버지는 약 40년의 경험이 있었다. 첫인상만큼이나 강렬했던 할아버지의 경험치. 저분을 스승으로 삼자는 생각을 했다. 그러기 위해서 우선, 할아버지랑 친해지리라!

그런데 언어라는 장벽이 가로막고 있었다. 할아버지는 실험 보고서는 영어로 작성해 주셨지만, 대화는 일본어로만 하셨고, 대부분의 참조자료도 일본문서로 제시하셨다. 구글 번역기 조차도 없었던 2000년대 초반이었고, 나는 히라가나도 읽을 줄 몰랐다. 하지만 방법을 찾아야 했다. 그래서 백방으로 수소문하여, 외국인 통역 및 번역 지원 부서를 찾았다. 일본인 지원 담당자가 한 명뿐이어서 일주일에 겨우 2~3시간 정도만 도움을 받을 수 있었지만, 그게 어디인가.

그렇게 할아버지와 나는 통역의 도움으로 소통을 할 수 있게 되었다. 통역 지원을 받지 못할 때는 짧은 영어와 손짓 발짓으로 할아버지를 보필했다. 둘이서 식사도 하고 산책도 함께 했으며, 부서의 업무 상황도 알려드렸다. 껌딱지처럼 할아버지에게 딱 붙어서 언어 장벽, 문화 장벽, 세대 장벽까지 허물어 버렸다. 그렇게 나는 할아버지와 함께 재미는 있지만, 뭐 하나 쉬울 것 없는 생활을 했다.

할아버지와 함께 하는 실험은 많은 것을 배울 수 있었지만, 그만큼 해야 하는 일도 많았다. 특히, 고가의 맞춤 제작형의 새로운 실험 장비들을 필요로 하는 경우는 일이 정말 많았다. 우선, 할아버지가 알려 주신 장비 사양부터 이해해야 했고, 해외 판매 업체들과 소통해야 했으며, 구매 부서의 복잡한 서류 절차까지 처리해야 했다. 물 위에 떠 있는 오리처럼 열심히 움직였지만, 가시적인 결과가 없는 일들이 많아서 마음이 불안했었다.

그런데 할아버지는 하루하루 새로운 결과물을 가져오라 다그

치던 부서 선배들의 모습과는 달랐다. 장비 입고 일정을 당기라고 다그치지도 않으셨고, 장비가 들어오기까지 어떻게든 실험을 해야 한다며 추가적인 방법을 고안하지도 않으셨다. 별말씀 없이 인내심을 가지고 기다려주셨고, 혹시라도 장비가 들어오면 부족한 것은 없는지 재차 확인해 주시고, 도움을 주려 하셨다. 항상 일정에 쫓기며 일을 해와서인지, 그런 할아버지의 여유로운 노련함이 너무 좋았다.

그 이외에도 할아버지는 부서원들이 많은 시간과 노력을 들여서 하고 있는 실험들을 살펴보고, 콜럼버스의 달걀과 같은 사고의 전환을 통해 간편한 처리 방식을 고안해 주시기도 하셨다. 또한, 부서원들이 제품 개선의 불가능성에 대해 언급할 때 어떤 형태로든 그것을 보완해 줄 수 있는 방법을 계속해서 만들어 오셨다. 나는 할아버지의 그런 진취적이고 도전적이며, 열정적인 끈기를 옆에서 바라보며, 안된다는 생각보다는 어떻게 하면 하나라도 더 개선할 수 있을지에 대해 생각하는 자세를 배웠다.

할아버지는 대부분의 상황에 있어서, 인내심을 가지고 후배들이 따라오기를 기다려주셨지만, 경쟁 업체와 분초를 다투는 정보를 다루실 때는 다른 이들의 반대와 불평이 있어도 아랑곳하지 않고 단호하고 빠르게 움직이셨다. 평소 한 명 한 명의 반론에 대해 시간과 공을 들여 답변을 준비해 주셨지만, 그때만큼은 달랐었다. 변리사의 도움 없이 홀로 영어로 된 특허 전본을 모두 써 오셔서는, 다급하니 바로 등록해 달라고, 만약 무엇인가 방해하는 것이 있다면, 어디까지 결재를 받으면 바로 출원할 수 있는지 물어보셨다. 한 달 후쯤, 그 원인을 알 수 있었다. 경쟁사에서 비슷한 아이디어를 발표했고, 그제서야 반대만 하던 사람들도 단점이 있지만 경쟁사가 하니 우리도 해야 한다고 했다. 이때 나는 할아버지께서 해야 할 때는 단호한 태도를 보이시고, 업계 경향을 감지한 뒤에는 민첩하게 움직이는 모습에 또 한번 반했다.

나는 이런 할아버지가 좋았다. 여러 방면으로 할아버지를 닮고 싶었고, 주변을 맴돌며 할아버지의 오랜 노하우도 쏙쏙 빨아들였다. 할아버지도 이것저것 아낌없이 가르쳐 주셔서 나의 역량은 하루가 다르게 성장했다. 그 결과, 과장급들만 선발됐던 팀에 홀로 대리급으로 선발되기도 하고, 세 개의 개발 그룹에서 서로 팀원으로 데려가겠다는 바람에 내가 되려 그룹을 선택하는 영광을 얻기도 했다. 또 해외 학술 연수 지원도 한 번 만에 덥석 합격하기도 했다.

나는 아직도 멘토 할아버지가 생각난다. 언젠가부터 연락이 끊겼지만, 할아버지가 주신 선물들은 대부분 포장지도 뜯지 않은 채로 고이 소중하게 모셔져 있다. 배울 점이 있는 사람들을 많이 만나 왔지만, 나에게는 여전히 할아버지가 최고의 멘토이다.

"

아직도 나는 할아버지처럼 멋있어지기 위해서 많은 노력을 한다.

언젠가는 나를 존경하는 후배들이 생기기를 바라면서 말이다.

그리고 후배들에게 권한다. 그 누구라도 괜찮으니,

배울 것이 있는 좋은 멘토를 두 눈을 부릅뜨고 찾으라고 말이다.

나다움을
유지해야 하는 이유

과거의 나와 경쟁하고 미래의 나를 위해 준비한다.
그것이 내가 나답게 사는 방식이다.

2016년 2월의 마지막 날, 승격자 발표가 있었다.

나의 인생 첫 번째 승격, 월급쟁이로서 가장 높은 자리인 수석 엔지니어가 되었다. 나의 승진은 TF의 부산물이다. 그 과정에서 나는 몸도 마음도 많이 다쳤다.

회사에서는 여러 가지 목적으로 일정 기간 역량을 집중하기 위한 TF<small>Task Force</small>가 운영된다. 나도 지난 15년간 크고 작은 TF 활동을 했다. TV 드라마에 나오듯 능력자들만 모아서 구성되는 경우는 많지 않다. 명목상 인원수를 채우거나, 집이 가깝거나 때론 아직 결혼하지 않아 언제든 출근할 수 있는 경우에도 TF에 합류하게 된다.

　사고 대응 TF는 긴급한 목적으로 구성된 만큼 늘 일정에 쫓겨 야근을 하는 경우가 많다. 반면 개발 과제는 TF 구성원 스스로가 세운 일정을 따라가는데, 계획대로 진행되는 경우는 거의 없다. 처음 해 보는 일이라 준비하는 데 많은 시간이 필요하고, 학습하는 시간도 생각보다 많이 들기 때문이다. 그러니 TF 구성원들의 불안은 늘 하늘을 찌른다. 개발 1년간 손에 쥐어진 성과도 뚜렷이 보이지 않고, 결과적으로 보여줄 것이 없는 상태가 되는 것이 불안의 이유다.

　그해에 성과가 나오지 않으면 책임은 보통 리더가 지게 되고, TF 구성원 중 일부는 1년간의 학습과 태도, 역량만으로도 좋은 평가를 받기도 하지만, 그럼에도 앞으로에 대한 불안감은 어쩔 수 없다.

　이런 힘든 상황에서도 내가 계속 앞으로 나아가기 위한 명분, 사수하고자 했던 부분은 '과제의 성공'이었다. 나를 위해서라도 잘 마무리해야 했다. '실패에도 배우는 건 있다. 경험이 자산이고 성공이다, 라는 말은 개뿔'이라 하고 싶지만, 이 말은 어려운 일이 있을 때 나의 멘탈을 잡아주는 말이었다. 실제로 함께 성공적으로 업무를 마쳤던 후배 중 "리더님께 많이 배우고 성장했어요.

그래도 너무 힘들었기에 다시 함께하고 싶지는 않아요. 우리 업무 말고 사적으로만 즐겨요."라는 것이 내가 마주하는 현실이기도 하고, 나의 진심을 알아봐 주는 말이기도 하다.

TF의 결과물은 현업 부서로 이관되고, 일부 어려운 기술은 돌고 돌아 다시 개발자 손에 돌아오는 경우가 있다. 그래서 나는 일을 할 때 미래의 나를 위해서 일한다. 3년, 5년, 아니 10년 뒤가 될 수도 있다. 다른 누군가가 아닌 미래의 기억력이 조금 더 떨어져 있을 나를 위해 상세히 정리한다. 재실험하지 않도록 하나하나 검증하고 자료를 남겼다. 이런 시간이 지나면 1년 반~2년 째부터는 성과가 나오기 시작한다. 그렇게 TF가 종료될 즈음이면 이런 나의 집요함에 함께 일한 동료들은 극호와 극불호로 나뉘게 마련이다.

세상은 무섭게 변했다. 하지만 TF의 불안 싸이클은 여전히 존재한다. 리더로서 나는 항상 이 시기를 반복해서 보냈지만 익숙해지지는 않는다. 충분히 예상 가능했음에도 대안을 만드는 것은 여전히 어렵다. 이러한 어려움은 관계에서도 마찬가지다.

한번은 비슷한 처지의 다른 팀 동료를 만나 이야기를 나누면서 세대 간의 간극이 커졌음을 느꼈다. 얼마 전 유명 PD와 『시대예보』의 작가가 고민하는 이야기도 떠올랐다.

'우리 땐 비슷한 또래와 일을 했고, 적극적인 토론을 했다.

그 후 나는 고참이 됐고 지금은 어린 친구들과 일한다.

하지만 차이가 크다. 나의 존재의 의미가 고민이다.'

결국 그의 고민은 '리더십에서 팔로워십으로 포커스가 넘어가야 한다'라는 이야기였지만, 매번 우리는 다른 사람과 일을 하고, 협업이라는 건 사람과 사람 사이의 일이다 보니 익숙해질 수 없는 게 맞는 듯하다.

업무를 하면서, 일상을 살아가면서, 나는 나답기 위해 피하기보다 도전하는 편이다. 이런 도전을 통해 또 다른 나를 알 수 있고, 나의 역량을 가늠할 수 있다. 예를 들어 고소공포증이 있지만 높은 산의 정상에 올라간다. 산에 올라가면 그곳의 탁 트인 멋진 광경이 나를 반기기 때문이다. 나는 물에 대한 공포가 있고 쉽게 화상을 입는 편이다. 그럼에도 스쿠버다이빙을 한다. 물밑으로 들어가 가라앉을 걱정을 하지 않고 바닷속 전경과 햇살이 뚫고 들어오는 바다를 즐긴다.

이런 나를 보며 누군가는 말한다. '상반되는 상황에 맥락도 없다'고 말이다.

맞다. 그게 나인 듯하다. 같은 것도 조금 다르게 즐기는 편이다. '49:51'에서 나는 1의 가치를 좇는다. 어차피 최종 스코어는 엔딩 크레딧이 올라갈 때나 알 수 있는 것이라 즉시 확인 가능한 결과가 아니라면 그냥 하면 된다. 경험이 쌓일수록, 시간이 갈수록 공허해지고, 생각이 많아지는 나를 위해 그 1의 가치를 좇아 실행한다.

내가 나다움을 유지하는 스스로에게 하는 질문이 있다.

'너는 주류를 따를 거니?'
'Yes'
'다음이 예측이 되니?'
'Yes'

그건 내가 아니잖아. 고민하지 말고 쉬어. 할 일이 없다면 그냥 따라가도 좋아. 잠시 휴식이 필요한 것뿐이잖아. 잠시 정비하고 다시 하자, 나답게. 그리고 채찍을 든다. '핑곗거리 찾지 마'. 그렇게 달려왔다.

끊임없이 나와 경쟁하는 나는 생각에 생각을 덧대고, 이를 실현할 때까지 계속 이 과정을 거친다. 누군가가 해 줄 수 있는 부분도 아니며, 이 과정을 거치지 않는다면 불안정한 결과가 나올 뿐이다.

❝

충분한 고민이 끝났다면, 정리는 두 시간이면 된다.

무엇인가를 결정하기에 충분한 시간이다.

나는 이렇게 성장했고, 지금의 위치에 왔다.

간절함을 먹고사는
신입사원처럼

⏻

**회사에서 기복이 있다는 것은
힘들지만 견뎌내 볼 만한 가치가 있다.
간절함을 담아 최선을 다했던 그 순간을 지나
지금의 내가 되었다.**

신입사원 시절 나는 무척이나 적극적이었다. 학창 시절엔 뚜렷한 목표도 없고 큰 흥미도 없이, 그저 졸업만을 기다리며 시간을 보냈던 것을 생각하면 전혀 예상치 못한 그림이었다. 면접 때 했던 기억나는 답변이 있다. '나의 강점은 새로운 것을 배우는 속도가 빠르다'는 것이다.

부서 배치가 된 뒤 직속 선배는 나에게 신제품 샘플 개발과 평가 업무를 주었는데, 나는 학창 시절에는 느껴본 적 없는 즐거움과 성취감으로 하루하루를 신나게 보냈다. 생산라인 현장에서 선배님들과 함께 고민하고 평가하고, 매일 새로운 결과물을 보는 것이 정말 즐거웠다. 물론 잘 풀리지 않는 것도 있고, 예상외의 결과가 나와서 몇 날 며칠, 같은 평가를 반복해야 하는 날도 있었지만, 업무가 끝나고 동기, 선배들과 맥주 한 잔을 기울이며 그날 있었던 일로 회포를 푸는 것도 그 나름의 즐거움이었다.

학창 시절에는 몰랐다. 내가 성격이 꽤나 급하고 작은 것이라도 바로바로 나타나는 성과물에 보람을 느낀다는 것을 말이다. 매일매일의 즐거움과 성취감은 성과로 이어졌고, 약 10년 가까이 육체적으로는 아주 힘들지만, 정서적으로는 안정된 회사 생활을 이어갔다. 업무에 자신감도 생기고, 궁금한 것은 제안도 해 볼 수 있는 신뢰도 형성되었던 것 같다.

입사 2년 만에 결혼을 했고, 그 후 2년 뒤 첫아이를 출산했지만, 부모님의 도움으로 업무상 큰 공백 없이 경력을 잘 이어나갈 수 있었다. 회사 생활 10년 차, 스스로 생각하기에도 회사에서 자리를 잘 잡아가고 있다고 느끼던 때 둘째를 임신했다. 당연히 기뻐야 하는 순간이지만 여러 가지 생각이 교차했다. 육아휴직을 가게 되면 내가 하던 일을 누군가 이어서 하게 될 텐데, 휴직 후 돌아왔을 때 내가 다시 이 일을 할 수 있을지가 걱정되었고, 첫째 때와 달리 아이가 둘이 되었을 때도 이렇게 열심히 할 수 있을지에 대한 고민도 있었다.

당시 나는 중요한 평가를 하고 있었다. 회사에 임신 사실을 오픈하면 야근을 할 수가 없었다. 지금 하는 일을 잘 마무리하고 싶었던 마음에 같이 일하는 후배에게만 사실을 말하고 평가가 마무리될 때까지 야근을 했다.

결국 평가가 마무리 된 15주 차가 되어서야 임신 사실을 오픈했다. 감사하게도 건강상 큰 무리는 없었지만, 인사팀에서는 혹시 부서 분위기가 임신 사실을 자유롭게 말할 수 없는 분위기인지 연락이 왔다. 내 욕심으로 본의 아니게 오해를 불러일으킨 것 같아 부서장님에게 미안한 마음이 들었다. 감사하게도 나의 부서장님, 소속 팀의 임원들 모두 애국하는 일이라며 잘 쉬고 돌아오라고 지지해 주셔서 출산 전까지 마음 편히 일할 수 있었다. 결국 유난스러운 임신 초기 생활을 보내고 나는 육아휴직에 들어갔다.

휴직 기간 동안 나의 자리에 배정된 대체 인력이 내 빈자리가 느껴지지 않을 만큼 일을 잘 하고 있다는 것을 전해 들었기 때문에 복직 후 다른 일을 하게 될지도 모른다는 마음의 준비는 하고 있었나. 하지만 무슨 일을 하게 될지는 아무리 머리를 굴려도 도통 떠오르지 않았다.

복직 첫날, 담당 임원이 나에게 제안한 업무는 한 번도 해 본 적 없는, 반도체 제조 과정 중 한 공정을 담당하는 업무였다. 휴직 전까지 10년 넘게 전공과 관련된 업무를 하며 전문가로 불리다가 한순간에 전공과 무관한 분야를 배워야 하는 신입사원이 된 것이다. 짧은 순간에도 '이걸 어떻게 받아들여야 하나' 하는 생각에 머릿속은 복잡했지만, 길게 고민하면 안 될 것 같았다. 육아휴직 동안 일에 대한 자신감이 떨어졌기 때문에 거절할 용기가 없어서인지 이러한 제안을 했을 때는 그럴만한 이유가 있을 거라고 합리화했다. 또 한편으로는 제조업에서 가장 중요한 것은 제조 공정이라는 생각에, 이참에 배워보지 뭐, 하는 마음으로 말씀하신 대로 해 보겠다고 대답을 했다.

이러한 선택을 한 나에게 누군가는 야망이 넘친다고 말하기도 했고, 얼른 임원을 다시 찾아가 잘못된 선택을 한 것 같다며 잘할 수 있는 소재 업무를 이어가고 싶다고 말씀드리라는 조언을 듣기도 했다. 하지만 그때의 나는 새로운 도전을 하고 싶었던 것 같다. 육아휴직 이후 더욱 성장한 나의 모습을 보여주고 싶었는지도 모른다. 결국 나는 선택을 번복하지 않았다.

주변의 우려와 달리 처음에는 새로운 업무가 재밌었다. 육아휴직 전 업무를 할 때도 생산 라인에 자주 들어갔지만, 막상 설비 내부를 들여다보고 관련된 여러 가지 조건들을 알아가는 것은 흥미로웠다. 그러나 나의 이런 즐거움은 오래 가지 못했다. 회사는 학교가 아니기 때문에 재미로만 일을 할 수는 없었다. 구체적인 결과물이 있어야 회사에 기여도 하는데, 그러기엔 내가 가진 지식과 경험이 너무 부족했다.

결국 나에게 실망한 담당 임원은 또 다른 업무를 제안했다. 신제품의 품질을 안정화하는 업무였다. 만감이 교차했다. 실망한 것을 만회하고 싶은 마음도 있었지만, 이번에도 역시 만족스러운 결과를 만들어 내지 못하면 수습조차 안 될 것 같은 불안감도 있었다. 그래서 더 고민이 되었다. 하지만 그 순간 내 머리를 지배한 생각은 '신뢰를 회복하고 싶다'는 것이었다. 간절한 마음을 담아 잘해보겠다고, 기회를 주셔서 감사하다고 말씀드리고 새로운 업무를 시작했다.

우선 나는 마음가짐을 바꿔 신입사원 때의 나로 돌아가 보기로 마음먹었다. 신입사원 시절, 나는 모르는 것에 대한 질문이 정말 많았다. 궁금한 것은 확실히 이해할 때까지 알아보았고, 부서 선배들과 다른 부서 사람들에게도 많은 도움을 받았다. 복직 후 나의 모습을 다시 한번 돌이켜보았다. 휴직 전까지 자리를 잘 잡아 왔다는 자만심에 모르는 것을 인정하지 못했던 것은 아닌지, 용기가 없어 질문하지 못한 것이 사실은 모르는 것을 들키기 싫어서였던 것은 아닌지, 내 마음을 정확히 알 수는 없었지만, 일단 밑져야 본전이라는 마음으로 신입사원 모드로 돌아가 보기로 한 것이다. 협업이 필요한 부서 사람들에게는 적극적으로 도움을 요청하고, 모르는 건 여기저기 발품을 팔아 다니며 물었다. 조심스럽게 신제품의 새로운 품질 관리를 위한 의견을 제안하기도 했고, 가끔은 칭찬도 받았다. 나는 여전히 서툴렀지만, 다시 조금씩 신뢰를 얻기 시작했다. 그렇게 1년이 지났을 때쯤엔 꽤 단단해져 있었고, 생각지도 못하게 진급까지 했다.

이제 와 한 번씩 생각해 본다. 신입사원부터 쭉 순조롭게만 회사 생활이 이어졌다면 나는 지금 어떤 모습을 하고 있을까? 한가지 업무만 해왔다면 과연 나는 지금 더 잘하고 있을까?

66

분명한 것은 간절함을 담아 최선을 다했던 그 순간 덕분에

과거에 대한 후회가 없고, 지금의 내가 되었다는 사실이다.

승부를 걸고 싶을 때는 후회하지 않을 만큼 최선을 다해 보자.

결국은 '빈 곳'을
채우는 사람

⏻

눈에 잘 띄지 않지만, 빈 곳을 채우는 일,
알아주지 않아 누구도 하지 않는 궂은일,
그 일은 동료의 미소가 있다면
나의 소확행으로 가치 있는 일이 된다.

"이것도 해놔요. 계약 관련 서류들인데 추려서 오타 체크하고, 입
력된 거 잘못 없는지 확인하고, 내일 오전에 우편 보낼 수 있게 준
비해 줘요."

"저는 사업을 만들려고 왔습니다. 정산해 주고, 표 만들고, 업체 리
스트 뽑고, 오타 체크하려고 이 회사 들어온 거 아니란 말입니다.
이런 잡일은 인턴 때 충분히 했고, 지금은 실무직 사원이 해야 할
일을 해야 한다고 생각하는데요."

10년 전 한때 열광했던 드라마의 대사다. 여기서 표현되는 '열

광'은 흔히 생각하는, 10대 청소년들이 아이돌을 보고 기뻐서 흥분하여 펄펄 뛰는 그런 모습이 아닌, 어떤 대상에 강렬한 관심을 보이는 몰입이었다. 이 드라마는 〈미생〉이다.

학벌과 스펙면에서 둘째가라면 서러운 캐릭터인 장백기는 더 배울 게 없는 완벽한 인물로 스스로를 인정하고 있다. 자신감이 넘치다 못해 자만심이 그득한 장백기, 그래서 바로 실무에 투입되어서 공을 세우고 싶기에 사수인 강 대리가 시키는 하찮은 일을 도무지 이해하지 못한다. 그런 장백기에게 강 대리는 작은 것들의 귀중함을 수없이 강조한다. 장백기는 처음에는 이 모든 상황을 그저 강 대리가 본인을 싫어하기 때문이라고 오해한다. 그러나 어느 위기의 순간, 강 대리의 전화 찬스로 무사히 결재서류를 넘기게 된다. 전화기 너머로 아무렇지도 않게 건넨 강 대리의 무뚝뚝한 한마디인 "내일 봅시다."는 장백기에게 큰 울림으로 다가온다. 이후 장백기는 여러 잡무에도 발 빠르게 팔을 걷어붙이는 열혈 신입사원으로 변모하게 되고, 강 대리의 엷은 미소와 함께 철강팀 최강 콤비가 탄생하게 된다. 그때 강 대리가 한 명대사를 나는 또 한 번 되뇌어 본다.

"남들한테 보이는 건 상관없어요.
화려하진 않아도 필요한 일을 하는 게 중요합니다."

모든 사람들은 대부분 장백기이다. 나 또한 그러하다. 그럴듯해 보이는 업무를 하고 싶고, 누구보다 주목받고 싶어 한다. 그러나 모두가 다 화려하고 돋보이는 일을 해야 할까? 그럼에도 불구하고 없어서는 안 되는 일, 궂은일은 누가 해야 할까?

'궂은일'의 사전적 의미는 '언짢고 꺼림칙하여 하기 싫은 일'이다.

스포츠 선수들의 경기 및 팀에 임하는 인터뷰를 보면 한결같이 팀의 승리를 위해서 궂은일을 도맡아 하겠다고 한다. 얼마 전 아시안컵 준결승전을 두고 대표 선수팀에서의 논란이 있었던 가운데 손흥민 선수의 국가대표 막내 시절 모습이 재소환 되었다. 앳된 모습의 손흥민 선수는 다소 긴장한 모습으로 선배들에게 생수를 나눠주는가 하면, 선배들의 별도의 부탁에도 흔쾌히 응하는 모습에서 선배들은 따뜻한 격려와 고마움을 보낸다. 이렇게 손흥민 선수가 행한 잠깐의 궂은일로 팀은 하나가 되었다.

그렇다면 회사에서의 궂은일은 어떤 게 있을까? 조직 생활에서 궂은일은 누가 해야 할까? 반드시 후배가 해야만 할까?

먼저 회사라는 조직 생활에서 궂은일을 이렇게 정의해 보고 싶다.

"눈에 잘 띄지 않고, 티 나지 않고, 모두가 인지하는 데 시간이 걸리는 일이지만, 모두가 따뜻해지며, 협업을 위해서는 꼭 필요한 일."

이렇게 궂은일을 정의해 놓고 보니, 이 일은 반드시 후배가 해야 하는 게 아니라 선·후배 모두가 각자의 위치에서 할 수 있는 일이다.

그렇다면 선배의 위치에서 행할 수 있는 일은 어떤 게 있을까?

회사 조직은 여러 업무가 세세하게 분업화되어 있다. 그래서 하나의 프로젝트 완성을 위해서는 내가 속해 있는 부서만이 아닌, 업무상 관련이 있는 여러 부서와의 협업이 반드시 필요하다. 그렇게 함께 일을 하기 위해서는 유관 부서와의 회의가 많을 수밖에 없다. 나의 부서만이 아닌 타 부서와의 협업 회의는 사용하는 용어 및 업무 측면에서 후배보다는 경험이 많은 선배의 이해도가 높을 수밖에 없다.

또한, 얽힌 이해관계를 풀어가면서 진행되는 회의와 그 회의를 마쳤을 때의 피로도는 그 어떤 업무보다도 더 크게 느껴진다. 이러한 회의는 회의 그 자체도 중요하지만, 앞으로의 협업 방향성을 지속하기 위해 이에 대한 정리와 기록도 매우 중요하다.

그렇다면 이 중요한 회의 정리와 기록은 누가 해야 할까? 만약 그 긴 시간 진행된 회의 내용이 제대로 정리되지 않는다면 어떤 일이 발생할까? 아마 다음 회의에서 이전 회의를 소환하고 리뷰해야 할 뿐만 아니라 해당 회의 이후 진행해야 할 액션 아이템에 대한 정리가 선행되지 않아, 업무 진척도 면에서 큰 손실이 발생한다.

이때 선배가 원활한 회의 진행과 더불어 회의록 정리를 통해 모두가 회의 과정을 한눈에 알 수 있도록 하고, 또 명확한 다음 업무 방향성을 보여준다면 어떨까? 그 회의록을 받아보는 후배는 선배의 경험과 노하우를 그대로 흡수할 수 있고, 유관 부서 측면에서는 그들 또한 내부 보고가 필요하고, 또 타부서와의 업무 진행 과정을 명확히 해야 할 필요가 있으니 요긴하게 사용할 수 있다. 이렇듯 경험을 갖춘 선배의 주도적 회의록 정리와 공유는 모두의 공감과 지지를 얻을 수 있는 일이다.

또 다른 빈 곳은 어디일까? 조직 내 업무는 아니지만 누군가가 해야만 한다면 그건 어떤 일일까?

어느 날 부서에 큰 꽃다발이 도착한다. 큰 꽃다발이어서 그냥 놔두기보다는 나누어서 꽃병에 담아 사무실 곳곳에 놓아둔다면 출근하는 순간, 업무 분위기는 한층 달라질 것이다. 누군가 하겠지, 하고 미루는 동안 꽃은 조금씩 시들어 버린다. 이때 '내가 왜 해?'가 아닌 '내가 한번 해 볼까?'로 생각을 단순화시키는 데에는 그리 긴 시간이 필요하지 않다. 두 팔을 걷어붙이고 큰 꽃다발을 소분하고 사무실 캔틴에 있는 길쭉한 컵에 담아서 파트별로 소 탁자에 놓아본다. 그리고 매일 아침 조금 일찍 출근하여 꽃병의 물도 갈아주면서 혼자만의 여유를 즐겨보는 것이다. 그리고 이런 나의 여유가 다른 동료들의 미소로 이어지는 묘한 마력도 느끼게 된다.

❝

"눈에 잘 띄지 않고, 티 나지 않고, 모두가 인지하는 데

시간이 걸리는 일이지만 모두가 따뜻해지는 그런 일."

이쯤 되면 궂은일도 나만의 소확행이 될 수도 있다.

언젠가, 당신을 알아봐 줄 날이 찾아옵니다

⏻

**삐그덕거림의 연속인 회사 생활을
헬리콥터 뷰로 바라본다면
그 안에서 성장하는 나를 발견하게 될 것이다.**

8년 전, 나는 주어진 일만 열심히 하던 실무자에서 갑자기 파트장이 됐다.

나는 전임 리더가 가졌던 카리스마가 없어서 고민했고, 성과에만 신경 쓰느라 부서원을 품을 만한 마음의 여유도, 소통의 기술도 없었다. 나이 많은 선배도, 막 들어온 후배도 품지 못하는 상황에서 리더로서 고집만 부리게 되었고, 점점 더 부서에서 외톨이가 되어만 갔었다. 지금 돌이켜 보면 여러 억울한 상황이 있었지만, 그 당시에는 모든 것이 리더가 감내해야 하는 영역이라고 여겼다. 모든 분노를 나 자신에게 돌리고 우울증 약을 복용하며 매일 밤이면 이불 속에서 울고, 매일 아침이면 축 처진 어깨를 달고 회사로 무거운 발걸음을 겨우 옮기던 시절이었다. 그때는 모두가 나를 향해 손가락질하는 것 같았고, 나 자신이 싫어져 점차 부정적인 감정에 매몰되어 갔었다.

심리학에는 '벽에 붙은 파리 효과'라는 것이 있다. 아무리 힘들어도 벽에 붙은 파리처럼 제삼자가 생각하듯이 나를 초연히 관찰해 보면 나를 좀 더 객관적으로 바라볼 수 있고, 감정에 매몰되지 않는다는 이론이다. 내 인생에서 가장 괴로웠던 때였지만 해결해 줄 수 있는 건 오직 '시간'이었다. 힘든 시간이 지나서야 '아, 지금 내가 많이 속상하구나' 하고 힘들어서 피하기만 하던 나를 있는 그대로 받아들일 수 있게 된 것이다. 그리고 점차 인간관계에 서툴기만 한 나 자신을 아픔을 가진 존재 그 자체로 볼 수 있게 되었다. 그러면서 '꼭 모든 사람들에게 사랑받지 않아도 괜찮다'라는 생각도 하게 되었다.

내 인생에서 가장 힘들었던 그때, 한 가지 배운 것이 있다면 '회사 생활에서도 사람이 제일 중요하다'는 명제를 절실하게 깨달았다는 것이다. '기술'만 배우고 습득하는 게 아니라 '사람과 리더십'도 배우고 익히는 것임을 그때 처음으로 터득했던 것 같다.

그때는 외딴 섬에 홀로 떨어져 있는 듯 아무도 내 진심을 알아주지 않아 속이 상했던 시기지만, 돌이켜 보면 그때의 그 경험이 있었기에 그때와는 달라진 지금의 내가 있다는 것에 가끔은 감사하기도 하다.

세상에 관심 없던 극T에 극J 성향, 게다가 융통성 없는 이과생이 그때부터 책을 읽고 사람의 마음을 공부하기 시작했다. 비록 태어나기를 직설적이고 말주변도 없이 태어났고, 타고난 커뮤니케이션 스킬도 미천하지만, 그랬기에 외국어를 배우듯이 리더십을 공부했고, 사람의 마음을 배워 나갔다. 그러면서 부서원들과 대화하는 것이 조금씩 편해지고, 점차 내 생각을 전달하는 것이 원활해졌다.

또한 어쩔 수 없는 것은 받아들이고, 내가 할 수 있는 작은 것이라도 해나가면서 마음의 평화를 찾아갔다. 나에게 완벽함을 추구했던 것처럼 타인에게도 완벽해야 한다고 강요하던 것에서 벗어나 '우리 모두 부족하긴 하지만 그래도 괜찮아'라는 생각으로 사람을 대하는 것도 여유 있게 변해갔다.

이런 과정을 거치며 한 가지 놓치고 싶지 않은 것은 진심으로 부서원들이 잘 되었으면 하는 마음이었다. 언변이 화려하지는 않아도 그 진심이 전달되면 마음의 벽이 점차 녹아 없어지는 경험을 아주 조금씩 조금씩 수년에 거쳐 경험하게 된 것이다. 비록 나는 카리스마는 없지만, 적어도 '말은 통하는 리더'라는 또 다른 무기를 가진 상사로 조금씩 자리를 잡아갈 수 있었다.

그로부터 6~7년이 지난 후 '그때 우리가 파트장님께 너무 했었던 것 같다'라는 작은 고백을 술자리에서 누군가에게 전해 들었던 적이 있다. 직접 나에게 한 사과가 아니라도 충분히 괜찮았다. 나는 이미 그때를 극복하고 온전해졌기 때문이다. 이제는 누구나 그때의 내가 틀리지 않았다는 것을 알아봐 주고 있다는 것이 감사하고, 나 자신이 그때의 감정의 구렁텅이에서 벗어나 좀 더 나은 사람이 되도록 노력하고 있었다는 것이 너무나 감사하다.

회복 탄력성은 3개의 요소로 이루어져 있다고 한다. 자기 조절력, 대인 관계력, 삶을 긍정적으로 바라보는 능력이다. '자기 조절력'은 어릴 적 학교생활을 하면서부터 실패에 좌절하지 않고 계속 노력하면서 너무나 잘 길러져 있을 것이다. 학교생활을 넘어 직장생활을 하고 있는 지금까지 모두가 그렇게 참고 인내하기 때문이다. 직장인이 된 현재로서는 나머지 두 가지가 어쩌면 더 필요할지도 모른다. 내가 20여 년의 회사 생활을 통해 늦게나마 깨달은 것은 대인관계와 긍정성은 단계적으로 증진될 수 있다는 것이다.

'대인관계'도 학습이다. '리더십' 역시 길러지는 것이다. 이번 생애는 망했다고, 바뀌려면 다시 태어나야 된다고 자조할 필요가 없다. 내가 아는 만큼 나와 상대방을 잘 수용할 수 있고, 넓게 보면 크게 중요하지 않은 부분에 전전긍긍하다가 정작 중요한 것을 놓치는 우를 범하지 않을 수 있다.

그리고 세상 모두가 내 편일 필요도 없다. 회사 생활은 사람들과의 관계의 연속이다. 하루에 8시간 이상 낯선 이들과 같이 보내야 하는 회사 생활의 행복 혹은 불행의 차이는 나를 이해해 주고 의지할 수 있는 '중요한 타인' 한 사람이 존재하느냐 그렇지 않냐의 차이일 것 같다. 나에게 위로가 되고 힘이 되는 단 한 사람만 있다면 거기서 에너지를 받고 좋은 관계를 확장해 나갈 수 있게 될 것이다.

그리고 마지막으로 삶을 긍정적으로 바라보는 능력에서 앞으로 전진하는 추진력이 나온다. 긍정적 사고는 세상을 무조건 좋게만 생각하는 게 아니라 냉혹한 현실 그 안에서 내가 할 수 있는 작은 일이 있다고 믿는 것이다. 지금까지와는 다르게 보는 방법을 찾고, 내가 할 수 있는 작은 일부터 시작해 전념해 나가다 보면 점차 세상이 지금보다 좋아질 수 있다고 믿는 것이다.

20년 넘게 한 회사에서 인생의 고점와 저점을 만들며 살고 있는 것처럼, 앞으로도 여전히 수많은 고점와 저점을 만들며 살아가게 될 것이다.

우리 모두는 지금도 삐거덕대며 순간을 살아내고 있다.

하지만 중요한 것은 그 안에서 더 나은 사람이 되어가고 있다는 믿음이다.

““

사람들 사이의 관계에서 고민하는 동료들에게

내가 노력해 온 것들이 눈에 띄지 않아 속상해하는 후배들에게

그리고 완벽하지 않아서 고민하는 우리 모두에게 하고 싶은 말은,

비록 지금은 때가 아닐 수 있겠지만,

진실한 마음으로 꾸준히 내가 옳다고 생각하는 것을 꿋꿋이 해나가고 있다면

언젠간 당신을 알아봐 줄 날이 찾아온다는 것이다.

3장

터닝포인트,
결혼과 육아

직장과 가정의
균형 찾기

⏻

둘 중 하나를 선택해야 할 때 하나를 버리는 것보다
늦게 가더라도 양쪽을 다 가져갈 수 있는 방법을 생각해 보자.
긴 호흡을 가지고 강약을 조절하면서.

"어머니, 오늘 상담을 진행하고 싶은데 시간이 되시나요?"

오전 10시에 어린이집 선생님의 전화를 받았다. 걱정이 앞선다. 아이를 회사 어린이집에 보내기 시작한 뒤로는 늘 걱정이 꼬리처럼 따라다닌다. 아이는 말수가 적고 친구들과 잘 어울리지 못했다. 그래도 이제 어린이집 3년 차라 등원하는 것도 익숙해지고, 큰 문제는 없다고 생각했는데 갑작스러운 선생님의 전화에 마음이 어수선해진다.

선생님과 약속한 시간에 어린이집을 방문했다. 내 얼굴에 심

기가 드러났나 보다. 선생님이 "어머니, 걱정 많이 하고 오셨나
봐요." 하고 이야기를 시작하신다.

한동안 아이가 어린이집 생활을 잘 해왔는데 최근 들어 친구
들, 선생님들과 말도 잘 하지 않고 다소 거친 행동을 하는 등, 불
안한 양상을 보이는 것 같아서 연락을 했다고 하셨다. 혹시 가정
에서 어떤 변화가 있는 것은 아닌지 여쭤보셨다.

선생님의 말씀을 듣는 내내 마음이 쿵! 하고 내려앉는다. 최근
의 일이라면 업무 패턴의 변화로 저녁 시간에 나와 보내는 시간
이 줄어든 것뿐인데…. 아이의 행동에 대한 이유는 확실하지 않
았지만, 이야기하고 있는 내내 생활 패턴의 변화가 아이의 마음
에 불안을 가져다준 것 같아 죄책감이 들었다.

그 시기의 나는 한창 새로운 업무에 취해 너무나도 즐겁게 일
을 하고 있었다. 조금이라도 더 완벽하게 해내고 싶어서 남편과
상의하여 밤 시간대의 업무시간을 확보했다.

아침에 아이를 어린이집에 등원시키고, 퇴근 후 아이와 함께
집에 와서 저녁 시간을 보내다가, 저녁 8시경에 남편이 퇴근하면
그 이후 시간은 남편이 아이를 돌보고, 나는 다시 회사로 출근해
새벽 1, 2시에 퇴근하는 식이었다.

이동한 새로운 부서는 작은 조직이다 보니 새 업무를 많이 접

할 수 있었고, 그 일에 관련된 모든 절차에 직접 관여하여 진행할 수 있었다. 그래서인지 업무가 흥미롭고 재미있어서 집안일보다 회사 일에 더 집중하는 시간이 길어졌다. 업무 중에는 해외에 있는 분들과 협업할 일들이 상당히 많았는데, 대화를 통해 협의가 필요한 경우, 또는 빠른 의사 결정이 필요한 경우에는 시차를 고려하여 새벽 시간을 활용하곤 했었다. 사실 나는 남편과 협의해서 만들어진 3~4시간의 근무시간이 너무 만족스러웠다. 오롯이 일에만 집중할 수 있었기에 20대의 젊은 날로 돌아간 것처럼 열정도 넘치고 생동감을 느끼는 시간이기도 했다.

그런데 내가 업무에 한창 재미를 느끼고 그 재미를 극대화했던 3개월의 시간 동안 아이는 엄마의 부재로 심적인 부담감을 느끼고 있었구나, 생각하니 그간 나의 즐거움과 아이의 외로움을 맞바꾼 느낌이 들었다. 생각해 보면 그 당시 나의 일정을 조정할 때 나와 남편의 시간만을 고려했지 아이의 마음에 대해서는 거의 신경 쓰지 않았다. 아니 신경 쓰지 않았다기보다는 아이의 마음을 알지 못했다. 엄마의 부재를 아빠가 대신할 터이니 문제 될 것이 없다고 생각했다.

그날 저녁 남편에게 선생님과의 상담내용을 이야기했다. 당장은 일정을 바꾸기 힘들지만, 야간에 회사로 재출근하는 것은 차츰 줄여보기로 하고, 아이는 가능한 빨리 전문가에게 상담을 받아보게 하기로 했다.

　아이와 함께 상담센터를 방문했다. 여러 검사 후, 다행히도 큰 문제 상황은 아님을 확인했고, 현재의 상태를 완화하기 위한 목적으로 놀이 치료를 진행해 보기로 했다. 일주일에 한 번, 바쁜 엄마가 자신과 함께한다는 생각만으로도 아이의 정서에 도움이 될 수도 있다고 하셨다. 지푸라기라도 잡는 심정으로 놀이 치료를 시작했는데 결과는 만족스러웠다. 아이는 엄마와 함께 상담센터에 가는 것을 좋아했고, 나 역시도 육아법과 아이의 마음을 들여다보는 방법에 대해 선생님과 상담하면서 많은 것을 배울 수 있었다.

　그 후로 약 2개월 정도 놀이 치료를 받고, 나는 주 2회 정도만 재출근하는 것으로 업무 일정을 조정하면서 아이의 상황도 호전되었다. 이렇게 한 고비를 잘 넘겼다.

　육아와 직장 생활을 병행하는 부모라면 이 같은 상황을 한 번쯤은 경험해 봤을 것이다. 본인이 하는 일에 흠뻑 빠져 일하고 싶은 순간, 가정에서 발생하는 여러 이슈들로 자신의 업무에 몰입하지 못한 경험 말이다.

　인생에는 사소하거나 하찮아서 건성으로 넘겨도 되는 이슈들은 없다. 하나를 해결하기 위해 다른 하나를 망치는 것 또한 어리석은 일이다. 그때그때 상황에 맞는 최선의 선택을 하여 문제를 해결해 나가야 한다. 그 선택의 기준은 개인마다 다르다.

나의 경우에는 그 순간의 우선순위가 중요한 것 같다. 동일한 일이라도 그 순간의 상황에 따라 우선순위가 달라질 수 있다. 모든 일에는 그 일을 위한 골든 타임이 있고, 그 타이밍을 놓치면 더 많은 시간과 노력을 들여 해결해야 한다.

그 당시 골든 타임이 적용될 대상은 '아이'였다. 어린이집 선생님을 통한 아이의 진단이 조금만 늦었더라면, 또 전문가 상담을 미뤘더라면 지금과는 다른 결과를 맞이했을 수도 있을 것이었다. 나에게 있어서 그 상황에서의 우선순위는 아이였고, 아이를 최우선으로 하면서도 업무를 향한 과열된 열정을 느슨하게 가져가며 업무를 진행할 방법을 찾았던 것이 주효한 포인트였다고 나는 판단한다.

다음 해 아이가 초등학교에 입학하고 엄마의 부재에 대한 영향력이 조금 무뎌질 즈음 나는 다시 원하는 만큼 일을 할 수 있게 되었다.

직장과 가정에서의 균형 찾기, 인생의 워라밸은 쉽게 찾아오지 않는다. 균형은 찾아주는 것이 아니고 개개인이 찾는 것이다. 하지만 이 균형감은 아주 작은 균열에서도 쉽게 무너진다. 과거에 비해 말할 수 없이 좋아진 업무 시스템에서도 당신은 여전히 직장인이면서 아빠이거나 엄마로 존재한다. 그러니 가정에서 발생하는 이슈, 특히 육아와 관련된 것들과 회사에서 발생하는 이 슈들 사이에서 많은 고민과 선택을 해왔고, 앞으로도 해야 할 것 이다.

포기할 수 없는 두 가지 중 하나를 선택해야 하는 문제가 생겼을 때

극단적인 선택을 하지 않았으면 한다.

비록 시간 차이는 있어도 양쪽을 다 취할 수 있는 방법은 분명히 존재한다.

긴 호흡을 가지고 강약을 조절하면 그 방법은 쉽게 다가올 것이다.

꽤 평범한
욕망

⏻

**결혼하지 않은 상태라는 틀을 벗어버리니,
꽤 평범한 욕망이 보인다.
누군가에게 신뢰가 담긴 영향을 주고 싶다는 것,
그럼으로써 지속 가능한 회사 생활의 원동력을 얻는 것.**

나는 미혼의 직장인이다. 사회적 통념상 마땅히 결혼했어야 할 나이지만, 그런 것에 괘념치 않고 일에 매진한다는 것. 그것이 어떤 모습으로 비칠 수 있는지, 리더 역할을 하면서 알게 됐다.

"파트장님은 시간이 많아서 하고 싶은 거 다 할 수 있으시잖아요?"

면담 때 파트원 K의 질문이었다. 이 질문에 적잖이 충격을 받았다. 내 입장에선 '나는 내게 쏟을 시간이 부족해'라고 생각해 왔기 때문이다.

사실 파트원들과 면담을 할 때면, 의식적으로 업무 진행 상황과 회사 생활에만 집중하려고 노력을 했다. 그것이 파트원과 나와의 관계라고 생각을 했기 때문이다. 하지만 본격적인 면담으로 들어가는 길목에는 늘 도입부가 필요했다. 부드러운 분위기를 만들려다 보면, 결국엔 사적인 근황 속으로 들어가는데, 가족과 육아에 관한 내용에서는 노력하는 것만큼 적절한 맞장구를 칠 수 없었다. 나조차도 면담을 끝내고 나면 항상 공감의 결핍을 느꼈으니 파트원들은 이미 진작에 다 알아챘을 것이다.

어쨌든 이렇게 콤플렉스가 쌓이고 있었는데, K의 질문이 그것을 구체화해 버린 것이다. 분명히 '리더'라는 사회적 보직과 '미혼'이라는 사회 통념적 정체성은 같은 범주에 둘 수 없다는 것을 알면서도, 그때는 하고 싶은 것은 다 할 수 있는 리더이자 미혼의 욕망 덩어리라고 스스로 인정했다. 정말로 그 시기는 많은 경험을 했다. 2019년은 그 정점에 있었다.

경력사원의 입사 전 현장 교육에 지도 선배로 참여한 적이 있었다. 몇 번이나 거절하다가 참석한 터라, 굳은 얼굴로 억지로 끌려왔음을 드러내 같이 온 다른 선배들까지 불편하게 했다. 물론 '저 여기 억지로 왔어요'라는 솔직한 항변으로 팽배한 긴장 상황을 금세 끝내긴 했다. 사실 '경력사원' 지도 선배 자격을 갖춘 사람이 많지 않아, 내가 올 수밖에 없다는 것도 숨겨진 변명이었다.

　많은 사람 중 한 명이 아니라, '나'이기 때문에 그 자리에 갈 수 있었다는 사실은 내가 자발적인 모범생을 자처하도록 했고, 교육 말미에 나로 인해 회사 이미지가 더 좋아졌다는 이야기에는 감동을 받기도 했다.

　한 달간 자리를 비운 후, 어느 주말에 출근을 했었다. 마침 나의 상사가 다음 주 월요일에 고객사 미팅에 참석을 하는 것이 어떻겠냐고 제안을 하셨다. 현업으로 복귀한 지 하루도 채 안 되었기에 부담이 됐지만, '믿을만한 사람에게 맡기는 거야'라는 부연 설명의 달콤함을 뿌리칠 수가 없었다. 결국, 주말 내내 발표 준비를 하게 되었다.

　예상외로 무거운 분위기 속에서 발표를 시작했다. 긴장감 속에 매몰되고 있던 순간, 한 고객사 임원이 질문을 던졌다. 무슨 깡이었는지 모르겠지만 그동안 내가 연구했던 지식을 총동원해 답을 하였다. 내 답변은 회사 사람이 할 법한 답변이 아니었던 탓에 상황은 대반전을 일으켰다. 그 임원이 내 대답에 엄청난 호응과 칭찬을 해 주신 것이다.

　개인적으로 그 일이 만족스러웠던 것은 무엇보다도 나다운 답변으로 그러한 칭찬을 얻었기 때문이었다. 특정할 수 없는 누군가의 인정은 헌신적인 모습에 대한 보상이라고 생각했었다.

2019년을 욕망의 관점으로 그려보면 다양한 색깔들이 떠 오르지만, 인정을 받는다는 것에 신났던 매 순간의 쨍한 하늘색이 오랫동안 잔상에 남는다. 어떤 새로운 상황이 주어져도 칭찬받을 수 있다는 것에 우쭐했던 마음까지 떠오른다. 누군가에게서 받는 인정이 나로 하여금 많은 것에 욕심을 갖게 했던 것이다.

이쯤에서 K의 질문을 잠정적으로 재해석해 보고 싶다. 인정 욕구가 나로 하여금 그 다양한 일들에 시간을 할애하도록 한 것이라고. 나에게 인정은 욕망의 근원지라고 말이다. 어쩌면 K의 질문을 단순히 사적인 영역, 즉 미혼의 상태와 엮은 것은 스스로를 뻔한 틀에 가둔 나의 완벽한 오해였을 수도 있겠다. 나 또한 지극히 평범하게, 타인의 신뢰에 기반한 책임감으로 내가 가진 역량의 한계까지 다다르도록, 때로는 그 이상도 발휘하게 하는 묘한 에너지를 가졌을 뿐이다.

하지만 입사 후 6년이 지났을 때쯤 인가, 누군가가 나를 인정을 해주어야만 동기부여가 생긴다는 것에 부정적인 면이 있다는 것을 알게 되었다. 내가 하던 프로젝트에 '감 놔라 배 놔라' 하는 사공들이 매우 다양해지는 시점이었다. 프로젝트 기간은 짧았고, 그 호흡에 적응하기도 버거운 탓에 쉽사리 성과를 내지도 못했다. 자연스럽게 누군가의 인정을 느낄만한 기회 또한 줄었다. 동시에 그동안 내게 보여준 신뢰가 '나'라는 사람 자체보다는, '결과물'을 향하고 있다는 것을 알게 되었다. 그것을 깨닫는 순간, 일을 해 나갈 동력이 눈에 띄게 약해졌다. 회사에서 나를 믿어주는 사람들을 잃어간다고 느낄 수밖에 없었다. 몇 주간 잠을 설치며 고민한 끝에 다른 부서로 옮겼고, 지금은 중고 신입 생활 2년 차에 접어들었다.

물론 지금까지는 꽤 만족스럽다. 언제든 쉽사리 사라질 타인의 인정이 나를 의존적으로 만들 수 있다는 경계심을 갖게 되었으며, 새로운 것을 배워야 한다는 사명감이 있기 때문에 쓸모없는 일을 줄일 수 있는 강제적 여유를 갖게 되었다. 또 그 여유로움 속에서 주변을 폭넓은 시각으로 살펴볼 수 있다. 스스로 새로운 일을 만들어 낼 수 있는 '자발적 여유'까지 갖게 된 것은 덤 이상의 의미 있는 가치가 되었다.

'나는 왜 새로운 것을 배우려고 하는가?'
'나는 왜 새로운 일을 찾아내고 싶은가?'

다시 말해 지금 내게 이 여유로움의 가치를 만들어 낼 힘을 지속시키는 원동력은 무엇일까? 첫 사회생활의 첫 리더로서, 과거에는 의존적인 일회성 인정과 신뢰를 받으며 누군가에게는 강력한 영향력을 발휘하는 사람이 되길 욕망했던 것 같다. 하지만 이제는 그 일회성의 욕망을 지속적으로 유지시킬 원동력을 알아냈다. 혹은 일방적으로 받기만 하던 타인의 인정을 거부할 용기도 낼 수 있다. 그 힘은 바로 내 스스로가 누군가에게 영향을 주는 사람이 되고 싶다는 욕망이다.

66

비록 결혼과 같은 평범의 경험치는 부족할지라도,

누군가에게 신뢰의 영향을 주는 사람이 된다는 것은

회사 생활을 지속 가능케 하는 꽤 평범한 욕망이 될 수 있을 것 같다.

'함께'가 나를 가볍게 하는
마법의 주문이 된다

⏻

혼자 모든 것을 할 순 없다.
육아는 생각보다 길고 험난하다.
가능한 모든 도움을 구하고, 주변 워킹맘과 연대하자.

후배가 복직했다. 일찍 출근한 후배는 아이 하원을 위해 빨리 퇴근한다. 점심시간에도 아이 사진을 들여다보며 좋아하고, 아이에게 필요한 물건을 사느라 바쁘다. 10년 전엔 나도 저랬지 하는 생각이 절로 난다. 지나고 보면 순간이지만 그땐 그 시간이 무척 길게 느껴졌다. 잘 보내든 엉망진창으로 보내든 결국 흘러가는 시간인데 그땐 잘 몰랐다. 그저 나만 힘들고 버겁다고 느꼈다. 그럼에도 3가지 덕분에 비교적 수월하게 지나온 듯하다.

첫 번째, 가능한 도움은 모두 얻어라.

친정 부모님은 남쪽 끝 삼천포에 살고 계시고, 두 분 다 아직 일을 하신다. 손주를 돌보러 경기도 남부까지 오실 수 있는 환경이 아니었다. 시부모님도 서울 북쪽 끝에 계셔서 역시 봐주시긴 힘드셨다. 당시 옆 파트에 일하던 선배에게 물었다. "아이를 누구에게 맡겨야 할까요?" 그분은 친정엄마, 시어머니, 이모님 모두를 경험해 보셨다고 했다. 각각 장단점이 있지만, 부모님께 맡기면 그들의 나이 듦까지 같이 신경 써야 한다고 했다. 젊은 사람도 아이 키우는 게 힘든데 일흔 즈음의 부모님은 더 힘드시겠지. 나도 잠정적으로 다른 분에게 맡겨야겠다 생각했다. 하지만 이모님 구하기가 어디 쉽나.

첫째 때는 남편과 둘이 번갈아 가며 육아를 했다. 큰 무리 없이 지나갔다. 그런데 둘째가 태어나니 상황이 달라졌다. 때론 한 명이 두 아이를 보살펴야 했다. 둘의 다른 욕구를 채워주기는 벅찼다. 밤에 재워야 할 시간이면 갓 태어난 둘째는 계속 울고, 첫째는 자기는 왜 안아주지 않냐며 떼를 썼다. 아이도 울고 나도 우는 상황이 몇 번이나 있었다. 그 와중에 집안일도 해야 했다. 큰애는 유아식, 작은 애는 이유식 그리고 어른 식사까지 3가지가 필요했다. 아이, 어른 빨래를 분리하려니 손이 많이 갔다. 기어 다니는 아이가 있으니 집안도 깨끗해야 했고. 매일 목욕 시키니 화장실도 깨끗하길 바랐다. 이렇게 집안일에 신경을 쓰다 보면 정작 아이를 보고 웃는 시간, 아이와 노는 시간은 당연히 줄어들었다.

그나마 포기할 수 있는 것이 어떤 것일지 고민했다. 청소와 빨래는 다른 사람 손을 빌리기로 했다. 물론 엄마와 친언니도 워킹맘으로 육아와 살림을 해냈기에 나만 부족한가 싶은 마음이 들었다. 하지만 난 슈퍼우먼이 아님을 인정하기로 했다. 처음에는 나보다 나이 많은 분이 청소하는 것이 마음에 걸렸다. 또 그분만 두고 집을 나가 있어야 할지, 일하시는 것을 옆에서 보고 있어야 할지도 고민되었다. 그래도 우선 시작해 보기로 했다.

일주일에 한 번 4시간, 빨래부터 현관 바닥 청소까지 웬만한 집안일은 다 해주셨다. 화장실 청소에서도 완전히 해방되니 훨씬 만족스러웠다. 이모님은 아이들과도 자연스레 친해졌다.

1년쯤 지나 하원 도우미까지 부탁드렸다. 아이들도 쉽게 적응했다. 그때 다른 사람 손을 빌리기로 한 것은 결과적으로는 너무 잘한 선택이었다.

육아는 생각보다 길다. 부모의 체력도 중요하다. 그러니 적극적으로 도움을 구하자.

두 번째, 남편을 내 편으로 만들자.

연애 때는 내 편이던 남편이 결혼하니 조금씩 바뀐다. 남의 편이라 남편이란 말을 실감할 즈음이 육아 초창기 때였다. 나도 처음인데 남편은 모든 것을 나에게 물어봤다. '이건 어떻게 해야 해? 저거는?' 여유가 있다면 하나씩 알려주겠지만 울고 있는 아이 앞, 잠투정 부리는 아이 옆, 설거지하는 뒤 켠에서 그러니 울화통이 치민다. 휴직 중인 나와 근무 중인 그의 집안일 비중은 다를 수밖에 없는데도 억울하게 느껴졌다. 서로 얼굴을 보고 이야기할 시간도 줄고, 요청하는 일만 짧게 주고받았다. 어떤 생각인지, 어떤 감정인지 나눌 시간도 여유도 없었다. 점점 남편이 멀게 느껴졌다. 연애할 땐 좋았는데 어쩌다 이렇게 멀어졌을까. 다시 가까워지는 날이 올까? 감정은 멀어진 채 책임감만으로 냉랭하게 살게 되는 건가? 육아 동지는 그뿐이었기에 그를 적으로 만드는 것은 손해였다. 그런데도 마음이 멀어져만 갔다.

아이 키우는 일은 성숙의 과정이라는데 여전히 성숙하지 못한 나는 쓰라리기만 했다. 그러다 우연히 본 유튜버 영상이 와닿았다.

'남편이 정말 내일 죽었으면 하는 마음이 아니라면, 그를 사랑하라.'

'죽도록 미운가?' 진지하게 생각해 봤다. 그건 아니었다. 그때 '내가 하는 만큼 너도 해야지' 하는 마음으로 대하고 있다는 것을 알게 되었다. 사랑하는 상대가 아니라 같이 육아하는 팀의 일원으로만 생각하고 있던 것이다. 아이에게만 쏠렸던 사랑을 남편에게도 나누기로 했다. 잘하는지 감시하는 눈빛이 아닌 사랑의 눈빛을 보내기로 했다. 나만 힘든 게 아니라 그도 힘든데 그걸 인정해 주지 않았다. 그 후로 먼저 인정해 줬다. 아이 키우느라 고생 많다고. 투덜대기보단 원하는 것을 정확히 말하고, 해준 일에 대해서는 감사를 표현했다. 조금씩 남편이 변했고 우리 사이도 편안해졌다. 남편에게 짜증이 날 때마다 떠올린 한 가지는 '부부 사이좋은 것이 아이를 편안하게 키우는 첫 번째 조건'이란 말이었다. 미워도 아이를 생각하며, 어금니를 깨물고 칭찬한다.

"잘하고 있어, 우리 신랑!"

세 번째, 주변 워킹맘들과 연대하라.

어느 날 후배 한 명이 잠시 이야기 좀 나누자고 한다. 이제 막 복직해서 아침에 헤어지기 힘들어하는 애를 겨우겨우 떼 놓고 출근했더니, 주변에서 "아이는 엄마가 키워야 하는데….."라는 말을 했다는 것이다. 눈에 불이 켜진다. 비슷한 상황을 경험한 사람만 이해할 수 있는 감정이 있다. 이제 겨우 아문 상처를 다시 찌르는 말이란 걸 당사자는 몰랐겠지. 후배를 다독이고 결심했다. 우리끼리라도 모이자고. 이런 불합리하고 불편한 사항이 또 있는지 확인하고 같이 해결해 보자고.

부서 내 워킹맘에게 메일을 보내 우리끼리 매달 한 번쯤 점심시간에 만나 이야기를 나누자고 제안했다. 3~4명만 모여도 좋겠다 싶었는데 8명쯤 모였다. 어색할 줄 알았지만 엄마들 특유의 친화력으로 금방 친해졌다.

대화를 나누기 전까지는 나만 힘들고 다른 워킹맘들은 아무 걱정 없이 편히 사는 줄 알았다. 그런데 각자마다 다른 유형의 어려움을 헤쳐나가고 있었다. 한 달에 한 번 점심시간의 짧은 수다였지만, 숨통이 트이는 순간이었다. 혼자가 아니라는, 나만 동떨어져 있지 않다는 것을 느꼈다. 그리고 우린 서로의 지지자가 되었다. 같이 오래오래 근무하자며 서로를 응원했다.

존재가 힘이 될 때가 있다. '그들도 하는데 나도 해야지, 그들에게 더 멋진 존재가 되어야지' 하고 생각했다. 나를 포함한 그 전사들이 여전히 육아의 가시밭길을 힘차게 걷고 있다.

나에게 육아는 '고립, 단절, 고독'이란 것이 합쳐져 더 무겁게 느껴졌다. 어떻게든 혼자 잘 해내야 한다는 생각이 무서워 주변을 더 꽉 잡았는지 모르겠다. 하지만 결과적으론 함께했기에 수월하게 지나갔다. 아. 그리고 잊지 않았던 한 가지. 출근할 때마다 다짐했다.

"

'나에겐 아이가 항상 1번이다.

아이가 건강해서, 엄마에게 매달리지 않아서, 덕분에 오늘 출근할 수 있다.

그러니 오늘 최선을 다하자.'

'당당이'로
우뚝 서기

⏻

**다양한 가치관을 가진 사람들이 모여 있다 보니 그럴 수 있는 것이지만,
그 어느 상황에서도 나는 당당하고 싶었다.
괜히 여자 엔지니어가 있어서 불이익을 당한다,
역차별을 당한다는 군말은 듣고 싶지 않았다.**

내가 회사에 입사했을 때는 여직원이 많지 않았다. 여자 엔지니어는 더욱 드물었다. 백여 명 중의 한두 명 남짓일 만큼 적었다. 부서 내의 여자 선배는 '언젠가 까마득한 옛날에 있긴 있었다'는 전설처럼 구전으로 들렸고, 옆 부서에 카리스마 넘치는 여자 선배님이 한 분 있다는 말도 전해 들었다. 다른 부서로 입사한 여자 동기들도 나와 별반 다르지 않은 상황이었다.

그날도 사수에게 받은 숙제로 늦게 야근을 하던 나는 모두가 떠난 빈자리를 비집고 전해지는 전화 통화 목소리를 들었다. 옆 부서에 계신다는 유일한 여자 책임님의 목소리였다. 처음에는

아이에게 통화하는 듯했는데, 이내 아이를 봐주시는 분과 이야기를 하는 듯했다. 대화를 나눈다기보다는 일방적으로 '죄송하다'는 말만 계속하는 사과의 내용이었다. 선배님들로부터 그 책임님이 엄청나게 일을 잘하고, 앞으로도 기대가 되는 입지전적인 인물이 될 것이라는 말을 들었던 터라, 내심 가까이 뵙고 인사를 드려야겠다고 생각하고 있었다. 그런 능력 있는 분에게도 회사 일과 육아를 병행하는 워킹맘은 여전히 어려운 일인가 보다 하는 생각이 들었다.

그때는 잘 몰랐다. 나에게 있어 워킹맘은 말 그대로 일하는 엄마, 그 이상도 그 이하도 아니었다. 당연히 '워킹맘'이라는 단어 세 글자에 내포된 수많은 고민과 어려움은 보이지 않았다. '야근으로 늦는다'는 한 통의 전화에 무수히 많은 사과와 죄책감이 실려있었음을 그때의 어린 나는 이해가 잘되지 않았다.

통화하던 그 여자 책임님의 모습도 부서 이사로 업무 공간이 바뀌면서 자연스레 마음에서 멀어졌다. 내가 다시 듣게 된 책임님의 소식은 미국 유학을 위해 회사를 그만둔다는 것이었다. 당시가 IMF 즈음이었으니 놀라움은 더욱 컸다. 명예퇴직이니 하는 소식에 다들 요지부동하며 자리 보존하기도 벅찬데 과감히 자리를 박차고 떠났다는 사실이 매우 놀라웠다. 하지만, 그런 놀라움도 곧 남의 일이 되고, 내 눈앞에 끝없이 펼쳐진 업무와의 전쟁을 벌이느라 잊어버리고, 오랜 시간 후 나도 결혼과 육아를 하며 다시 떠올리게 되었다.

　반도체라는 업무의 특성상 일주일이 '월화수목금금금'이라는 정평이 나 있던 만큼 여자들은 체력적으로도 한계를 느끼는 사람들이 많았다. 그래서 오래지 않아 다른 직종으로 업을 변경하거나 결혼과 동시에 회사를 그만두는 분들이 심심치 않게 있었다.

　어느 날 바로 옆 파트의 남자 책임님이 친한 척하며, 결코 '친근하지 않은' 말을 걸어오셨다. "남자친구 있다며? 결혼은 언제할 건데? 너 오기 몇 년 전에도 여사원이 있었는데 결혼하니까 바로 퇴사하더라. 넌 언제쯤 퇴사할 거야?" 남자 직원들에게는 절대 하지 않을 질문을 내게는 사무실에서나 회식 자리에서 아무렇지 않게 던졌다. 결국 내가 되돌려드린 말은 "책임님이 저보다 먼저 입사하셨으니까 저는 책임님 퇴사하시는 것 보고 나가려고요. 선입선출先入先出해야죠."였다. 속으로는 선을 넘은 답변인가 하고 떨면서도 겉으로는 한껏 웃으며 뻔뻔한 얼굴로 답하자, 그 책임님도 '요거 봐라~' 하는 표정으로 넘기셨다. 물론 그이후로도 불편한 질문을 몇 번 더 듣기는 했지만, 이전보다는 훨씬 더 편안하게 넘길 수 있었다.

입사하면서 생각한 회사원으로서 나의 기대 수명은 7년 정도였지만, 그 책임님의 말을 듣고는 목표를 수정하게 되었다. '여사원들은 다 결혼하면 그만두더라'라는 말이 듣기 싫어서였다. 그리고 신입사원 때 보았던 옆 부서의 여자 책임님이 육아를 하면서도 동료와 후배들의 존경을 받으며 멋지게 생활하셨던 모습을 떠올렸다. 자연스레 나의 시한부 회사 생활은 수명을 연장하게 되었다. 마음 한편으로는 나뿐만 아니라 나와 같은 길을 걷게 될 여자 후배들을 생각해서라도 "여사원이라 그래'라는 말은 듣지 말자.'라는 다짐도 새기었다. 애초에 세웠던 회사원 기대 수명의 몇 배를 넘기고 있는 지금 모습은 어쩌면 그 남자 책임님의 '결혼=퇴사'설 덕분이 아니었나 싶다.

결혼을 하고 아이가 하나, 둘, 셋 생기고, 나도 대부분의 기혼의 직원들이 그러했던 것처럼 사무실 책상 앞에 사랑스러운 아이들 사진을 걸어두고 흡족해하며 절로 미소를 띄웠다. 회식 자리에서는 가볍게 친밀감을 위해 서로의 신상 이야기를 하다 보면 '아이가 셋'이라는 말이 화제가 되기도 했다. 그렇게 나름 결혼과 육아의 선배가 되어 노하우를 전했다. 하지만 이것도 어느새 불편함으로 자리 잡게 되었다.

업무 협의 차 다른 부서분들이 내 자리로 찾아오는 경우가 종종 있었다. 그럴 때면 내 자리의 가족 사진을 보며, "아니, 애가 셋이나 되세요?"라고 놀라곤 했다. 또 어느 때는 처음 보는 사람임에도 불구하고, "말씀 많이 들었습니다. 아이가 셋이나 있는데, 이렇게 업무도 열심히 하시고."라고 말하는 사람도 있었다. 전에는 그런 말들이 '아이도 셋이나 있는 여자가 잘하고 있다.'라는 칭찬으로만 들렸다. 그런데 어느 순간 그 말이 나의 실력을 보기 전에 내가 가진 배경을 보고 한 말이라는 생각이 들었다. "여자, 아이 셋'이라는 타이틀을 빼면 나만의 무기, 강점은 무엇이지? 나는 저 사진들 뒤에 숨어있으려는 것은 아닌가?' 하는 의구심이 들었다. 더 이상 공평하지 않다는 생각도 들었다. 올곧이 내가 가진 실력으로만 인정받아야 튼튼한 기반을 쌓고 원하는 것을 이룰 수 있다는 생각을 했다.

책상 앞에 붙어 있던 해맑은 아이들의 사진은 그 뒤로 책상 서랍에 보관되었다. 그리고 그 누구보다 나에게 당당해지기로 했다.

나를 둘러싼 동료와 선후배들은 워킹맘을 배려해 준다는 이유로 나의 의사와는 관계없이 야간 근무에서 제외하거나, 주말 당직 근무를 빼 주는 경우들이 있었다. 배려는 고맙지만 꼭 뒷말이 나오는 경우들이 생겼다. 다양한 가치관을 가진 사람들이 모여 있다 보니 그럴 수 있지만, 그 어느 상황에서도 나는 당당하고 싶었다. 괜히 여자 엔지니어가 있어서 불이익을 당한다, 역차별을 당한다는 군말은 듣고 싶지 않았다. 그래서 나는 더욱 다른 사람들과 동등하게 임하려고 애썼다. 물론 그렇게 하기까지는 가족, 특히 남편의 도움이 컸다. 야간 근무도 하고, 주말 근무도 하며, 아이 때문이라는 말이 나오지 않도록 노력했다.

회사 생활을 하다 보면 학술 연수의 기회가 오기도 하고, 해외 지사의 장기 출장 기회도 있다. 내게도 공평하게 기회는 왔지만, 망설였다. '어린 애들을 두고 어떻게 가? 회사 다니는 것만 해도 벅찬데. 아이들 옆에서 엄마 역할이라도 조금 더 해야지.' 하며 언감생심 그런 기회들은 나와는 무관한 이야기라고 생각했다.

아이들이 자라서 더 이상 엄마의 손길이 적어질 때가 되니 내가 흘려보낸 기회들이 아쉬움으로 남았다. 갓 입사해서 보았던 옆 부서의 카리스마 넘치던 여자 책임님이 안주하지 않고 유학을 가서 박사학위에 도전하고, 더 넓은 세상을 향해 날아갔던 모습이 더욱 또렷하게 자리 잡았다. 내가 스스로 한계를 긋고 가두고 있었던 장벽들이 높게만 느껴졌다.

사춘기가 지난 아이들이 나에게 들려준 이야기가 생각난다. 초등학교 저학년 때는 늘 회사에 다니는 엄마가 섭섭했는데, 지금은 당당하게 일하는 엄마 모습이 멋있고 좋다고 했다. 그런 이야기를 들으면 한편으로는 '내가 세운 장벽을 넘어 학술 연수도

가고 더 많은 기회를 위해 노력했으면 더 멋있지 않았을까?' 하
는 아쉬움이 들고는 했다.

"

요즘도 주위를 둘러보면 내가 하고 싶은 것들은 무궁무진하게 있다.

그러나 스스로가 쳐 놓은 울타리에 갇혀서 손조차 뻗어보지 않으려 하는

나를 발견하게 되면 다시 한번 채찍질한다. 그리고 다짐한다.

지금도 늦지 않았고 도전하면 어떻게든 이룰 수 있다고.

우리 모두 스스로의 한계를 긋고 가두지 말자!

4장

끝없는
자기계발

집순이에게도
콧바람은 필요해

⏻

**어쩌다 시작한 일이 계속해서 우연히
삶 속으로 스며든 이벤트 같은 일들을 늘려줬다.
새로운 환경으로의 노출은
삶을 풍요롭게 만들어 준다.**

나는 휴일이면 아무도 만나지 않고 집에 있는 걸 좋아한다. 코로나 전에는 일주일가량 휴가가 주어지면, 전화, 문자, 이메일 등 외부로부터의 연락을 되도록 차단하고, 온전히 집에서의 시간을 즐겼었다. 기껏 집 밖으로 나간다고 하더라도, 고향 집을 찾아가는 것이 열에 아홉이었다.

그런데 코로나 시기에 처음으로 시도한 스테이케이션은 나의 성향을 조금 바꾸어놓았다. 그로 인해 집 밖에서 여가 시간을 즐기는 빈도가 높아졌다. 자연스레 새로운 사람들을 만나는 일도, 낯선 곳에 혼자 가는 일도 자주 발생했다. 나의 삶은 이전보다 훨씬 더 다채로운 것들로 채워져 가고 있다.

코로나 시기에 나도 대한민국 국민의 일원으로서 전염병을 퍼뜨리지 않기 위해 최선을 다했었다. 하지만 일 년이 넘도록 지속되었던 코로나 기간은 나를 지치게 만들었다. 한 달 즈음은 너끈히 아무도 만나지 않고서도 혼자 잘 지냈는데, 슬슬 그 시간들이 지겨워지기 시작했고, 밖으로 나가고 싶은 욕구가 일었다. 그도 그럴 것이, 재택근무도 허용되지 않는 와중에 몇백 명이 하나의 큰 사무실을 공유하는 환경에서 근무하다 보니, 엄격한 전염병 행동 규제 지침을 묵묵히 지킬 수밖에 없었다. 당시 누구나 그러했듯 코로나는 감옥과 같은 일상을 강제했고, 그런 날들이 지속되니, 한계가 왔고, 콧바람이 쐬고 싶어졌다.

친한 친구가 집 근처 호텔을 베이스 캠프 삼아 주변 미술관이라도 한 번 돌아보면, 여행 온 것 같은 느낌이 든다며, 호텔 스테이케이션을 권해 주었다. 처음에는 불특정 다수의 많은 인원이 공유하는 호텔이라는 점이 불안했다. 한동안은 관망할 수밖에 없었다. 하지만, 호텔에서 위생 관리를 열심히 한 것인지 지금도 알 수는 없지만, 몇 달이 지나도록 호텔이 코로나 확산의 중심이 된 뉴스는 찾아볼 수 없었다. 그래서 답답한 마음을 풀기 위해 최대한의 용기를 내어 몸소 스테이케이션을 시도하기로 결정했다.

그리고, 그것이 인연이 되어 코로나가 한풀 꺾인 지금까지도 호텔 스테이케이션을 즐기고 있다.

첫 시도를 하기 전, 염려 사항 중에는 비용 문제도 있었다. 코로나 시기에는 호텔 비용이 지금보다 50~70%가량 저렴했음에도 불구하고, 집을 코앞에 두고 숙박 비용을 쓴다는 것이 사치스럽게 느껴졌다. 그런데 어차피 무엇인가 하려면 항상 비용은 들게 마련이라고, 자기 합리화를 하며 마음을 고쳐먹었다.

집 근처 호텔로 나오게 된 날, 오랜만에 둘러본 서울 거리는 한산했다. 밥 한 번 먹으려면 무조건 줄을 서야 했고, 인파에 등 떠밀려 이동해야 했던, 예전의 북적거리던 거리가 아니었다. 도심 한복판의 거리를 한가하게 거닐게 되니, 신선하고 좋았다. 그리고 사람을 피해 구경 한 번 제대로 못 하던 집순이에게도 거리 구석구석을 돌아볼 수 있는 용기를 주었다.

서울에 대해 새롭게 알게 된 것이 많았다. 한국 고전 춤을 알리기 위한 행사가 남산 한옥 마을에서 열린다는 것도, 우리나라 절기 경험 행사를 돈화문 마을에서 진행하는 것도, 서울 도처에 나라에서 운영하는 박물관들이 많다는 것도 처음 알게 되었다. 이 모든 것을 몸소 체험하러 다녔다. 처음 시도해 보는 것들이 많다 보니, 새로운 경험에 대한 경계심이 무뎌졌다. 그리고 지금은 태어나서 처음으로 혼자서 오스트리아에 장기 휴가를 와 있다.

장기 휴가가 주어졌을 때, 예전의 나는 분명 다른 어떤 고려도 없이 고향 집으로 향했을 터인데, 이번에는 해외여행이나 혼자 가볼까 하는 마음이 일었다. 휴가 2주 전까지도 저울질을 했지만, 결국 나 홀로 해외여행을 선택했다. 그리고서는, '치앙마이나 갈까? 베를린? 뉴욕? 어디 가지?' 태평스러운 고민을 했다. 해외여행을 혼자서 준비해 본 적이 없다 보니, 서울처럼 그냥 가면 되는 줄 알았기 때문이다.

출발 일주일 전에 여행지를 정하고, 출발 3일 전에 비행기표를 예매했다. 가기 직전까지도 지인들의 염려스러운 목소리가 여기저기서 들렸다. "비행기표는 구매하신 거 맞죠? 비자는 필요 없는 곳이에요? 호텔은 예약하셨어요? 로밍은 하셨어요? 유심은 찾아봤어요? 여행지 전원은 확인해 봤어요? 환전은 하셨어요?" 이전에는 해외에 나가더라도 지인들이 모두 옆에서 알려주는 대로 하기만 하면 되었는데, 혼자서 이리저리 나에게 필요한 정보들을 찾아내는 것이 여간 어려운 것이 아니었다. 비행기 티켓과 여권을 챙기고, 핸드폰만 들고 집을 나섰다.

오스트리아 빈 공항에서 탈출하는 데에는 5시간쯤 걸렸다. 공항에서 스마트폰으로 대중교통 공부하랴, 당일 묵을 호텔 예약

하랴, 이동 동선까지 확인하느라 많은 시간이 걸렸다. 다행히 인터넷과 스마트폰 시대라 블로거들의 여행 기록들이 많은 도움이 되었다. 그리고 현재는 여행 3일째, 폭풍 인터넷 검색과 함께 혼자서 많은 것을 처음 시도해 보며, 이리저리 돌아다니는 중이다.

호텔 스테이케이션을 시작한 것이 이렇게까지 삶을 바꾸어놓을 줄은 몰랐다. 무엇이든 깊이 생각하고 행동은 느린 편이었다. 그런데 새로운 환경에 노출되는 일들이 빈번해지는 만큼 일단 해 보자는 실천의 성향이 강해졌다. 오스트리아 여행 출발 전후로, 혼자서 먼 여행길이 두렵지 않냐고 물어보는 사람들이 있었는데, 그런 마음은 하나도 들지 않았다. 다만, 무엇인가 처음으로 시도해 볼 수밖에 없는 환경에 끝없이 노출되다 보니, 계속해서 첫 경험을 잘 이루어 내기 위해 준비하는 번거로움이 있었을 뿐이다. 그리고 그런 시도들은 삶에 신선함과 성취감, 폭넓은 사고와 풍부함을 가져다주었다. 천성이 일단 해 보자는 사람들도 있겠지만, 후천적으로 배워가는 것을 좋아하는 성향인 나는 현재의 내가 뿌듯하다.

"너는 무슨 노는 것도 연구를 하니?"

제일 처음 집 밖으로 나와서 여유를 즐기기 시작했을 때, 친구가 한 말이다. 그만큼 나에게는 집 밖에서 노는 것이 어려웠고, 그만큼 열심히 연구했다. 그리고 지금은 처음으로 해 보는 소소한 일들을 늘려 가면서 집 밖에서 콧바람을 쐬어가며 스트레스를 풀고 있다.

❝

이번 여행이 끝나면, 블로그를 써 보면 어떨까, 하고 생각해 본다.

나 같이 무엇이든 처음 하는 사람들이 타깃이다.

이것도 첫 시도이니, 또 우왕좌왕하겠지?

이 글을 읽는 누군가도 무엇인가 처음으로 겁 없이 시도해 보기를 바래 본다.

작지만 큰 차이,
미라클 모닝

⏻

**미래를 위해 적금을 드는 시간이라 생각했는데,
지금은 이 시간이 연금 같다.
매달 고정적으로 나오는 돈처럼 매일 나에게만 허락된 시간이다.
그러니 타 먹지 않으면 나만 손해란 생각이 든다.**

도저히 이렇게는 살 수 없었다. 출근 버스는 6시 20분에 있고, 그걸 타려면 적어도 5시 40분엔 일어나야 한다. 아이가 깨지 않게 조용히 일어난다. 최소한의 단장만 하고 뛰어나가 출근 버스를 탔다. 퇴근 후에는 두 아이의 밥을 챙기고, 씻기고, 재우다 보면 같이 잠들기 일쑤였다. 주말이면 주중에 미뤄둔 집안일, 계절별 옷 정리 등 아무리 해도 화수분처럼 솟아나는 집안일 속에서 점점 짜증이 늘어갔다. 집안만큼 내 머릿속과 마음도 정리되지 않았다.

그렇게 해서 '내 시간이 필요하다'라는 결론이 나왔다. 자주 보던 블로그 이웃은 군인 남편과 떨어져 아이 둘과 지내고 있었다. 그럼에도 비움과 심플라이프를 실천하며 씩씩하게 지냈다. 그런 그녀가 중요하게 생각하는 것이 '혼자만의 시간'이었다. 가끔 카페에서 책 읽는 사진을 올렸는데 그게 그렇게 부러울 수가 없었다.

'나도 저런 삶을 살고 싶어!'

이것이 계기가 됐다. 남편에게 매주 토요일, 아이가 낮잠 자는 오후 1~3시엔 반드시 나가겠다고 선언했다. 남편은 할 일이 있을 때 나가는 것엔 찬성하지만, 매주 시간을 정해두는 것에는 불만을 표했다. 안 그래도 싸울 일이 많은데 또 하나 늘어나나 해서 걱정되었지만 쉽게 물러설 수 없었다. 서점에 간다는 말만 하고 뛰쳐나왔다. 아이 없이, 혼자 카페에 가서 커피를 마실 때의 여유는 세상 그 어떤 시간보다 감미로웠다. 남편에겐 야근을 한다고 말한 뒤 또 카페로 향했다. 그동안 미뤄왔던 유튜브 강의를 보며 하나씩 하나씩 '나만의 시간 갖기'를 실천해 나갔다.

육아와 업무 사이에서 정신없이 동동거리던 나를 돌아보는 시간이었다. 해야 하는 온갖 일 속에 하고픈 것을 찾는 유일한 시간이기도 했다.

처음엔 조금 미안했다. 남편도 업무와 육아를 병행하는데 유독 나만 따로 시간을 갖겠다고 하는 것이 이기적인 것은 아닌가, 라는 생각이었다. 그렇지만 아이의 낮잠 시간에 남편도 휴식을 취했고, 야근 횟수는 비슷하게 나눠 가졌기에 크게 개의치 않았다. 무엇보다 내게 그 시간이 사막의 오아시스임을 알았기에 멈출 수 없었다. 내가 행복해야 가족이 편안하다고 생각했다. 읽고 싶던 책도 읽고, 조용히 생각도 정리하며 나만의 시간을 만끽했다.

진즉에 시작할 걸 싶었다. 한번 느낀 행복감을 계속 유지하고 싶다는 생각이 강해졌다. 궁리 끝에 새벽으로 눈이 갔다. 조금 더 일찍 일어나면 나만의 시간을 가질 수 있겠다는 생각이 들었다.

5시 40분 기상을 5시로 옮겼다. 고작 40분이지만 꾸준한 시간이 확보되었다. '영어 공부를 해 볼까?' 하는 마음에 영어 문장 외우기를 시작했다. 1챕터씩 100일을 채우고 나니 뭔가 할 수 있겠다는 생각이 들었다. 이때까진 새벽 기상을 일주일에 3번 정도만 실행했다. 그럼에도 만족스러웠다. 내가 나를 돌볼 수 있는 시간이 일정하게 생겼다는 것만으로도 충분했다. 그리고 누구의 허락도 받을 필요가 없다는 것도 뿌듯했다.(초반엔 남편이 새벽에 일어나 부스럭거리는 나를 째려보긴 했지만;;)

그러다 습관 커뮤니티에 들어갔다. 그곳에서 새벽 기상, 운동, 자격증 공부, 주식 공부, 영어 공부 등을 꾸준히 해나가는 사람들을 만나게 되었다. 5시 이전은 꿈도 못 꾸었는데 4시 30분, 심지어 4시에 기상하는 사람도 많았다.

'미라클 모닝'의 핵심은 시간이 아니라, 기상의 동기를 찾는 것이다. '왜 일찍 일어나야 하는지, 그 시간에 일어나 무엇을 할 것인지' 동기가 분명한 사람은 알람 소리가 없어도 깬다는 것을 배웠다. 알람이 아닌 설렘이 나를 깨우는 것이다. 내가 굳건하다는 믿음과 새로 무언가를 시작하고 싶다는 열망, 혹은 아직 남아 있는 꿈을 이뤄보고 싶다는 욕구가 복합적으로 작용해 나를 깨웠다.

인증한다는 것도 큰 동기가 되었다. 타인에게 나의 기상을 알리는 일은 생각보다 큰 무게를 주었다. 365일 하루도 빠지지 않고 인증하는 분을 보며 생각이 바뀌었다. 그 사이 회사 근처로 이사를 했다. 더 이상 출근버스 시간에 얽매일 필요가 없어졌다. 하지만 기상 시간을 30분 당겨 4시 30분으로 세팅했다. 그리고 되도록 평일엔 매일 일어나고자 했다. 일 년쯤 하니 습관이 되었다.

처음에는 기상 후 책 읽기를 주로 했다. 그러다 운동도 하면 좋겠다 싶어 요가도 추가했다. 요가-독서-감사 일기. 요가로 몸을, 독서로 머리를, 감사 일기로 마음을 채워갔다. 그렇게 나의 아침 루틴을 만들어갔다. 아침에 충전한 에너지로 하루를 야무지게 보냈다.

처음 새벽 기상은 쌓인 스트레스를 푸는 시간이었다. 이제는 에너지를 축적해 가는 시간이 되었다. 그 에너지로 무언가 새로운 것을 시도해 볼 수 있게 되었다. 요즘은 글쓰기 모임에 참여해 매일 아침 글을 써보고 있다.

요즘은 출근하는 7시까지 2시간 이상이 확보된다. 처음 40분으로 시작했던 시간이 덩치가 커졌다. 하루 24시간 중 온전히 나를 위한 시간 2시간. 그 시간이 쌓이고 쌓이면 뭐라도 되지 않을까? 무엇보다 새벽마다 벌떡 일어나는 모습이 가장 만족스럽다.

알람엔 '잘했어! 오늘도!'가 적혀 있다. 약속을 지키는 모습을 보며 나와의 신뢰를 쌓아가는 중이다. 물론 알람이 울리면 다시 잽싸게 끄고 잠들고 싶고, 요가고 뭐고 다 때려치우고 싶은 순간이 새털처럼 많다.

그럼에도 어김없이 해낼 나를 더 사랑할 것을 알기에

오늘도 미라클 모닝을 한다.

이렇게 쌓인 하루가 나를 단단히 받쳐주고 있음을 느낀다.

매일 아침 스스로를 믿으며 한발씩 나아간다.

엔지니어가 심리학까지
공부하게 된 이유

⏻

우리는 이렇게 서로 영향을 주고받으며
속도보다는 방향성으로
오늘보다는 내일 더 좋은 사람이 되어가는 중이다.

하루에만도 수십 통이 오고 가는 사내 메일, 휴가라도 마치고 출근을 하면 쌓여 있는 수백 통의 메일을 점검하는 것이 복귀 후 첫날의 루틴이다. 물론 대부분의 메일은 잊히기 십상이다. 4년 전 내 인생을 바꿔 놓기 시작한 그 메일도 긴 연휴를 보내고 빠르게 밀린 업무를 처리해 나가는 가운데 아주 우연히, 정신없던 와중에 내 눈에 들어오게 되었다.

부장급 여직원을 대상으로 코칭과 퍼실리테이션 두 개의 리더십 차원의 교육을 준비하고 있으니 관심 있는 사람들은 둘 중 하나를 선택하면 반영해 주겠다는 교육 안내 메일이었다. 일단 의

무가 아닌 선택사항이라는 점과 현업에서 일하는 엔지니어에게는 낯선 용어가 나의 호기심을 자극했다.

"코칭? 나 살기도 벅차 죽겠는데 누가 누굴 코칭해? 그런데 퍼실리테이션? 이건 또 뭐지? 용어도 처음 듣는데. 에이 모르겠다. 일단 해 보자!"

2021년 10월, 어느 날의 무심한 클릭이 이 모든 일의 시작이었다.

퍼실리테이션과의 첫 만남은 그렇게 경탄스럽지 않았다. 코로나 시국에 온라인으로 매주 토요일 오전 4시간씩 6주를 참여하면서, 빠른 판단과 답을 주는 의사 결정에 익숙해진 나에게 참가자를 온전히 믿고 그들의 의견을 민주적 과정을 통해 하나로 반영한다는 퍼실리테이션은 허울 좋은 신기루처럼 느껴졌었다.

딱 거기까지였다면 교육만 받고 바로 잊어버릴 수도 있었지만, 그 당시 수강생들에게 별도로 주어진 한 가지 미션이 있었으니 교육 이후 6개월 내 사외 자격에 응시해야 한다는 것이었다. 납기 일정과 목표가 기반인 회사 생활에서 오로지 책임감 하나로 버텨온 나에게 너무나 부담이 되는 일일 수밖에 없었다. 그러던 중 교육을 맡았던 퍼실리테이션 회사를 통해 민간단체에 자원봉사로 워크숍을 할 수 있는 기회를 얻게 되었다. 처음에는 두려움이 먼저 찾아왔지만, 공식적으로 회사와 나의 이름을 걸고 퍼실리테이션을 해야 하는 상황이 되면서 '내가 할 수 있고 없고'를 떠나 이건 내가 '당장', 그것도 '잘' 해야 하는 '도전 목표'가 되어 버렸다.

일단 닥치는 대로 시중에 나온 책을 읽고, 다른 전문 퍼실리테이터들은 워크숍의 주제에 따라 어떤 순간에 어떤 기법을 활용했는지 사례들을 모았다. 상황에 적합한 설계를 고민하고, 진행 운영에 필요한 프리젠테이션을 한 땀 한 땀 만들고, 어떤 순서로 어떻게 이야기할지 익히다 보면 항상 자정이 부쩍 넘어 다음날 새벽 6시 출근 버스를 타기 위해 억지로 잠을 청해야만 했다.

그렇게 몇 주를 고민하다 보니 워크숍을 하기도 전에 참여할 조직 구성원들의 이름도 다 외우게 되었고, 그 조직이 어떤 상황인지, 진짜 무엇을 원하는 것인지, 어떻게 달라지고 싶은지 보이기 시작했다. 그리고 그 안에 있는 참여자 구성원들과 영적으로 연결되는 느낌이 들었다. 그렇게 준비한 워크숍을 무사히 마치고 환히 웃으며 돌아가는 참여자들을 보면서 나도 함께 벅차오르는 것을 느끼며, '이것이 바로 책으로만 배웠던 퍼실리테이션의 철학, 진정성인가!' 하는 생각을 하게 되었다.

바로 그때부터였나 보다. 워크숍을 준비하는 작은 손길, 디테일 하나에 퍼실리테이션 철학이 녹아있다는 것을 발견하며 짜릿함을 느끼게 되었다. 그리고 퍼실리테이션의 세계는 무궁무진하다는 것을 조금씩 눈뜨게 되었다. 어설프게 쭈뼛쭈뼛 가족들 앞에 섰던 그 순간부터, 그렇게 도전적으로 느껴지던 사외 자격인 CF_{Certified Facilitator}가 되고, 사내에 퍼실리테이터를 육성하는 제도가 생기고, 사내 퍼실리테이터 1세대가 되고, 사외에서도 최고의 권위로 인정받는 CPF_{Certified Professional Facilitator}가 되는 일련의 과정 중에서 나는 지금까지 한순간도 지루하지 않았다. 오히려 배우면 배울수록 내가 아는 것이 정말 극히 일부라는 것을 느끼게 되었다. 아는 만큼 보이는 순간들이었다. 그리고 내가 처음에 쉽게 허울이라고 단정했던 그 안에 신기루가 아니라 정말 구성원이 원하는 오아시스가 있겠다는 어렴풋한 확신도 들게 되었다.

이렇게 뭔가 퍼실리테이션이 점점 익숙해지고 있을 그 무렵, 내게는 한 가지 고민거리가 생겼다. 잘못된 것은 가르치고 답을 주는 모습으로 40여 년을 살아왔는데, 구성원을 오롯이 신뢰하고 물어보는 것이 내게는 어색하고 외국어를 처음 배우는 듯한 느낌이었다. 특히 경청과 질문이 중요하다고 하는데 도대체 그런 것들은 타고난 사람들이나 할 수 있는, 신의 영역 같았다.

그러던 중 먼저 코칭으로 인생이 달라졌다는 동료의 추천으로 사비와 시간을 들여 코칭을 접하게 되었다. 막연한 기대감으로 시작한 코칭 수업에서 나는 뭔가 머리를 한 대 얻어맞은 듯한 경험을 했다. 단순히 질문과 경청의 스킬을 배우러 입문한 코칭에서, 중요한 것은 스킬이 아니라 '인간을 바라보는 관점'이라는 것을 느낄 수 있었다.

무엇보다 중요한 것은 우리는 누구나 선하다는 믿음이었다. 악한 행동조차도 그 안에는 선하거나 적어도 중립적인 의도가 있다는 것을 믿는 것이었다. 그리고 맥락과 상황에 따라 사람은 서로 다른 해석을 하게 되고, 해답은 각각의 사람마다 다를 수 있다는 것, 그래서 호기심을 가지고 물어봐야 하는 것이었다. 이는 자전거 타기처럼 연습에 연습을 거듭해야만 하는 것이다. 그렇게 연습 과정을 거쳐 인증 코치가 되고, 내 진심을 알아봐 주신 멘토 코치님의 추천으로 코치 모임에 들어가게 되었다. 또 코치 모임에서 독서 토론, 공익 코칭, 스터디 등의 소모임을 하게 되었다. 그러면서 느낀 것은 엔지니어로서 살았던 이 세상은 정말 좁고 깊은 동굴 같은 삶이었고, 세상에는 다른 시선으로 다른 분야에서 더 나은 삶을 살기 위해 정진하는 많은 사람이 있다는 것이었다. 이는 뭔가 새로운 세상이 열리는 듯한 느낌이었다.

마치 크레센도처럼 펼쳐지는 새로운 세상에 너무 신기해하며 빠져들어 갈 때쯤 독자적인 이론이나 프레임 워크가 부족한 느낌이 들었다. 고객 한 사람 한 사람이 모두 소중한데 그 고객의 귀중한 시간을 깊은 이해 없이 단순히 나의 연습용으로 허비한다는 것이 죄스러웠다. 그 순간부터 앵무새처럼 질문을 달달 외우는 코치가 아니라 심리학적 원리를 이해하는 코치가 되고 싶었다. 그런 결심으로 사이버대에 진학을 해 청소년코칭학과와 상담심리학과를 복수 전공하게 되었다. 대부분 출·퇴근을 하면서 어떻게 학과 공부까지 하냐며 물어오는 사람들도 있었지만, 늦은 저녁 따뜻한 차 한잔을 들고 컴퓨터 앞에 앉아 조용히 수업을 듣는 이 시간은 오롯이 나를 채워가는 시간이었고, 졸업하기 아쉬울 만큼의 힐링의 시간이었다.

산업체 전형으로 사이버대를 지원받고 다닐 수 있는 점, 코칭을 접하게 해준 점, 사내 퍼실리테이터 제도를 만들어 퍼실리테이터로 당당하게 활동하게 해준 점, 모든 과정에는 회사의 도움과 지원이 있었다. 그리고 나도 이런 배움을 바탕으로 구성원들을 만나고 대할 때 기존보다 더 열린 마음으로 공감하고 배려하는, 회사가 원하는 리더로 한 걸음씩 정진하고 있는 중이라고 생각한다.

우리는 이렇게 서로 영향을 주고받으며, 속도보다는 방향성으로 오늘보다는 내일 더 좋은 사람이 되어 가는 중이다.

"

'계획된 우연'이라는 말이 있다.

내 앞에 주어진 일을 호기심을 가지고 시도해 보고

다양한 인맥과 만남 속에서 서로를 연결하며 도전하다 보면

우연한 사건들이 내 삶을 변화시키는 긍정적인 효과를 가져온다.

어떻게 하다 보니 여기까지 왔다. 하지만 바로 지금 이 순간조차도

내 삶에서 계획된 우연을 맞닥뜨리는 순간일 것이다.

나를 위한 천연 영양제,
운동과 봉사

⏻

**지난 시간을 돌이켜 봤을 때 나를 위해 한 일 중
가장 잘한 것으로 손꼽는 것들이었다.
내 인생을 더 가치 있게 만들고,
지치지 않고 앞으로 나아가게 한 불빛들이다.**

어느 모임에서 나를 소개하는 자리가 있었다. 인생을 밝히는 불빛으로 내가 걸어온 길을 나타내 보았다. 인생의 커다란 기점이 되는 불빛을 하나씩 켜 보면서, 그 불빛의 의미와 그것을 더욱 밝고 환하게 만드는 것은 무엇이었는지 짚어 보게 되었다. 입사, 결혼과 함께 가족을 구성한 일, 새로운 배움을 시작했던 일 등등.

그중에서 '운동과 봉사활동'은 시작할 때는 큰 의미를 두고 한 것은 아니었지만, 지난 시간을 돌이켜 보면 나를 위해 한 일 중 가장 잘한 것으로 손꼽는 것들이다. 내 인생을 더 가치 있게 만들고, 지치지 않고 앞으로 나아가게 한 불빛들이었다.

예전 같은 부서에서 함께 일하던 동료와 이야기를 나누던 차에 다이어트를 화제로 다루게 되었다. 함께 다이어트 방법을 이야기하다 회사 내에 있는 피트니스센터에서 운동을 하기로 하였다. 그것이 나의 20년 운동의 시작이었다.

운동을 하겠다고 마음먹었을 때 가장 어려운 난관이 바로 꾸준함이었다. 그래서 먼저, 일정한 나만의 루틴을 만들기 위해 운동 시간을 확보하는 것에 초점을 맞추었다. 처음 시작했을 때는 아이들의 어린이집 등·하원을 함께해야 해서 점심시간을 활용하였다. 아이들이 조금 더 자라 초등학교에 입학한 후로는 아침에 여유가 생겨 오전 운동을 할 수 있게 되었다. 물론 가족의 식사 등을 챙겨야 하니 아침에 조금 더 일찍 일어나는 것으로 운동 시간을 확보했다.

운동을 지속한 두 번째 원동력으로는 '목표 설정'이었다. 인바디 측정을 통한 근육량과 체지방률의 목표 지수를 확인하고, 때로는 피트니스센터에서 진행하는 이벤트에 참석하며 스스로를 독려했다. 이렇게 자리 잡은 나만의 루틴 운동은 외형적인 몸을 유지해 주는 것뿐만 아니라 어떠한 일을 하든 가장 기본이 되는 근간이 되었다. 학창 시절부터 하고 싶었던 것이 많았던 만큼 무언가를 새로 시작하면, 기존의 것들을 양보하기보다는 병행하기 위해 여유 시간을 줄이는 방법을 택했다. 그러기 위해서 가장 필요한 것은 '체력'이었다.

주변의 후배나 동료들을 보면 나이가 들고 결혼을 하면서 체력이 떨어졌다는 소리를 많이 한다. 특히 여자 후배들은 남자들보다 이를 더욱 크게 느끼는 경우가 많았다. 가끔은 안타까운 소식이 들리기도 했다. "회사와 가정을 양립하기 힘들어서 회사를 그만두게 되었어요." 이렇게 극단적인 상황이 아니더라도 "퇴근하고 집에 가면 누워만 있고 싶어요. 꼼짝도 하기 싫어요."와 같은 말을 빈번하게 듣는다. 그들은 그러한 현실 속에서 무언가 새로운 것을 시작해 보거나 자신만의 꿈을 위해 달려가는 것은 쉽지 않은 일이라고 말했다.

어느 강연에서 정형외과 김범수 교수님은 운동을 이렇게 표현했다.

"운동은 운을 결정하는 움직임이다. 실제 운동(運動)의 한자 운(運)은 행운(幸運)의 그것과 같은 한자를 사용한다. 운동을 하면 행운도 따라온다."

'행운'이란 것은 다른 사람들이 보기에는 거저 얻어지는 것처럼 보일지라도, 절대 그냥 굴러들어 오지 않는다. 또 운동은 뇌에 산소를 공급하여 기억력과 집중력을 향상시켜 엔도르핀과 세로

토닌의 분비를 활성화해 우리 몸을 기분 좋게 해준다. 이렇게 긍정적인 에너지로 끊임없이 기회를 만들어 내는 과정에서 우연처럼 얻어지는 것이 행운이라고 생각한다. 그리고 바로 그 기회를 만드는 원천이 운동인 것이다.

지금까지 나와 함께 했던 모든 운들은 운동을 통해 하나씩 차곡차곡 다져진 체력을 기반으로 만들어진 필연의 결과물이었다고 해도 좋을 것이다.

내가 밝힌 두 번째 빛은 봉사활동이다. 봉사활동을 하면 마음이 풍요로워지고 스트레스를 씻어 버리게 된다. 그렇게 내 인생을 빛내는 가치인 봉사활동은 꼬리에 꼬리를 물듯이 우연히 시작되었다.

평소에 회사에서 주선하는 크고 작은 단발성의 봉사활동에 참여하던 어느 날, 난치병 환아들의 소원을 들어주는 '소원별 희망천사' 봉사단 모집의 공고를 보고 참여하게 되었다. 단순히 치료비 지원의 차원이 아닌 난치병으로 오랜 시간 병상에서 지낸 환아들의 소원에 관심을 갖고 투병에 힘을 실어주는 것이 재단의 목적이라는 것을 알고 나니 참여에 진심을 싣게 되어 꾸준한 활동을 할 수 있었다.

그렇게 활동에 열정을 쏟던 차에 해외 봉사활동에 지원하게 되었다. 봉사 참여는 개인 휴가를 사용해야 한다는 희생이 있었음에도 불구하고 모두들 열정적으로 일정을 소화했다.

봉사활동은 IT 교육과 학습실 구축을 위한 벽화 작업으로 진행되었다. 평소 전공 분야가 아닌 강의까지 해야 한다는 것에 어려움이 많았지만, 난관이 클수록 기쁨은 배가 된다고 했던가, 봉사 정신으로 똘똘 뭉친 사람들의 의지는 무엇보다 뜨거웠다. 한창 무더위가 기승을 부리던 한여름의 태양도 그들의 열정을 꺾지는 못했다. 10년이 지난 지금도 인연을 이어오며 그때의 추억을 나누고 현재를 살아가는 힘을 얻고는 한다.

나의 세 번째 봉사활동인 '벽화 그리기 활동'은 해외 봉사에서 살짝 맛보았던 벽화 그리기가 시발점이 되었다. 회사 내 동아리에 가입하고 활동을 시작했다. 주로 주말에 활동하는 탓에 일주일간의 피로를 풀 시간도 없이 아침 일찍 서둘러 나와야 했다. 그러나 손끝에 든 붓 하나에 온 신경을 집중하며 작업을 하면 지난 일주일 동안 머릿속을 헤집고 다녔던 번잡함은 모두 빠져나가게 된다. 동아리 회원들 중에는 야간 근무를 마치고 눈을 붙일 사이도 없이 봉사를 오는 분들도 있었다. 그런 열정은 어두컴컴한 굴다리나 낙후된 담장을 밝고 건강하게 만들었다. 벽화 봉사 후 지역주민이나 지자체 등의 긍정적인 반응은 우리의 피를 뜨겁게 끓게 했다. 그 뜨거운 피가 도파민에 중독된 것처럼 다음 벽화에 대한 열망을 키우게 된다. 그런 열망 덕분에 지치지 않고 10년 이상의 봉사를 지속할 수 있었다.

나를 아는 주위의 사람들은 자주 이런 질문을 한다. '그런 걸 다하려면 쉴 틈도 없이 피곤하지 않냐'고. 그러면 나는 이렇게 대답한다.

"내가 가진 작은 것으로 봉사활동을 통해 더 큰 에너지를 얻게 된다. 그래서 오히려 다음 걸음을 옮길 수 있는 힘이 생긴다. 그리고 그 지속성의 밑바탕은 운동이다."

66

나는 오늘도 긍정의 쳇바퀴를 돌리며, 그 시작의 기반인

'운동과 봉사'라는 영양제를 복용하기로 결정한 나를 칭찬한다.

나의 욕심을 채워가며 오늘의 주인으로 살고 있음이 만족스럽다.

후배들에게도 적극 권하고 있다.

오래 달릴 수 있도록 든든한 나만의 자원을 구축하라고.

운동은 필수이고, 자신이 몰입할 수 있는 취미를 가지라고 말이다.

나의 쉼표,
나의 숨표

⏻

끝없는 연습에도 실력은 늘지 않았지만,
한걸음 한걸음 완성을 향해 나아갔다.
그럴 때 지금의 나의 노력이, 나를 배신하지 않고
충성스럽게 내 곁을 지키고 있다는 믿음은
무거운 내 다리를 들어 올려 걸음을 뗄 힘이 되어 주었다.

20여 년의 회사 생활을 해오며 힘든 순간과 마주할 때면 다양한 방법으로 난관을 극복하고 있다. 주변의 동료들, 선후배들과의 관계에서 용기를 얻기도 하고, 나의 부족한 부분을 정확하게 들여다보고 배움으로 채워 나가며 에너지를 얻기도 했다. 때로는 새로운 취미활동에 심취해 스트레스를 날려 보냈다. 그중 리코더 연주는 긴 호흡으로 회사 생활을 하는 나에게 지금까지도 '쉼표' 혹은 '숨표'가 되어 주고 있다.

2009년 회식이 끝난 추운 겨울날이었다. 술이 알딸딸하게 취한 나는 갑자기 무슨 생각이 들었는지, 집 근처 마트를 향해 뚜벅뚜벅 걸어갔다. 맥주 몇 캔을 더 사고 싶었던 것도 아니었고, 생필품이 필요했던 것도 아닌데, 그 저녁 나는 대형마트 3층 악기상으로 가기 위해 에스컬레이터를 탔다.

"어…. 저…. 혹시 리코더 있어요?"

그렇다. 나는 리코더를 사러 마트에 간 것이다. 갑자기 왜 리코더가 사고 싶었을까? 주인아저씨도 의아한 눈으로 나를 바라보며 물었다.

"소프라노? G 타입? B 타입?"

계획하고 갔던 일이 아니라서, 주인아저씨의 질문에 당황했지만, 대답을 못 할 만큼 취하지는 않았나 보다.

"어…. 네에…. 야마하 소프라노 있으면 주시고요, B 타입으로 할게요."

아저씨가 아이보리색 천케이스에 담긴 야마하 플라스틱 리코더를 보여 주셨다. 열어보니 초등학교 시절 열심히 불었던 요구

르트 색 리코더가 모습을 드러냈다. 바로크 타입이 맞는지 엄지 손가락 뒤편에 B라고 적힌 것까지 확인하고 나서야 결제 카드를 내밀었다. 결제 금액 만 오천 원. 그렇게 나는 잊고 있었던 나의 최고의 취미를 떠올렸고, 오늘 사지 않으면 큰일 날 것처럼 술에 취한 채 부랴부랴 마트에 들러 소중한 나의 악기, 리코더를 샀다. 그리고 그것을 두 손에 꼭 쥐고 혼자 살고 있던 오피스텔로 귀가 했다.

그 시절, 나는 신제품 개발로 주말까지 일하느라 눈코 뜰 새 없 이 바빴고, 취미 따위는 사치였다. 집에 돌아와서도, 씻고 텔레비 전을 좀 보다 잠드는 게 일상다반사였다. 그런데 의미심장하게 리코더를 손에 쥔 그날, 술자리에서 누군가 취미를 물어보았고, 운동, 악기, 미술 등의 멋진 취미를 이야기하는 동료들 사이에서 왠지 모를 초라함에 잊고 있던 나의 취미이자 특기를 떠올렸던 것이다.

하지만 대형마트 문을 열고 호기롭게 악기상으로 걸어갔던 나 의 모습은 온데간데없고, 5평 남짓한 조그마한 오피스텔로 돌아 오니 막상 불어볼 용기가 생기지 않았다. 혹시 옆집에서 시끄럽 다고 찾아오면 어쩌지 하는 걱정에 책상 위에 고이 모셔 두고 여 느 때처럼 텔레비전을 보며 잠들었다. 그리고 다음 날 아침, 평소 와 똑같이 출근했고, 바쁜 업무 속에서 리코더의 존재는 깜빡 잊 고 지냈다.

그러던 어느 날, 나는 야간 당직 대상자가 되었고, 일주일 동안 낮과 밤이 바뀌어 근무하게 되었다. 야간 근무는 밤 10시부터 시작되었다. 야간 근무로 퇴근과 동시에 잠이 들것이라 예상했지만, 아무리 피곤해도 바이오리듬이 단번에 바뀌기는 쉽지 않다. 퇴근 후 이른 아침, 눈을 말똥말똥 뜨고 침대에 누워 있는데, 지난번 사둔 리코더가 생각났다. 갑자기 일어나 리코더를 꺼내 들고 소싯적 연주했던 곡들을 더듬더듬 생각해 내며 불기 시작했다.

누가 그랬던가? 리코더는 코로 불어도 소리가 난다고(지금은 내가 가장 듣기 싫어하는 말이다). 그런데 세상에, 정말 예전에 연주했던 그 소리가 났다. 신기했다. 계이름을 기억하고 있는 나의 손가락도, 내 귀에 들렸던 그 소리도 너무 반가웠다. 그렇게 잊고 있었던 나의 취미를 다시 만나게 되었다. 그 후로도 주말 낮이나 야간 근무를 할 때면 종종 리코더 연주를 하였고, 이것이 그 시절 나를 버티게 해 준 나의 작은 '쉼표'가 되어 주었다.

그리고 결혼을 하고, 육아를 하면서 나는 리코더의 존재조차 까맣게 잊고 있었다. 그러던 중, 부서에서 조직력 강화 행사로 캠핑을 가게 되었다. 행사의 순서 중에는 장기자랑이 있었는데 이 시간에 각자 자신 있는 특기를 뽐냈다. 노래를 하는 동료도 있었고, 악기를 연주하는 후배도 있었다. 마치 아마추어 연주단의 작은 음악회 같은 시간이었다. 나는 바로 이때를 기회로 삼아 그동안 잠자고 있던 뽀오얀 나의 리코더를 챙겨 캠핑장에 갔다. 물론 오랜만이라 더듬거리며 연주를 했고, 사람들은 어린 시절 추억이 떠오른다며 관심을 가지고 감상해 주었다. 장기자랑의 시간이 끝나고 클라리넷 연주를 하던 부서의 친한 선배가 갑작스러운 제안을 했다.

"우리 관악기 음악 동호회 한번 만들어 볼래?"

그렇게 작은 음악대가 결성되었고, 일주일에 한 번 회의실에 모여 다소 서툰 합주를 시작했다. 악기는 클라리넷 2대, 플루트 1대, 리코더 1대로 이렇게 막상 모여서 합주를 하니 조금 더 잘하고 싶은 욕심이 생겼다. 그래서 수소문 끝에 네덜란드 유학을 다녀온 실력 있는 리코디스트와 연락이 닿았고, 그렇게 나는 서울을 오가며 리코더 연주 수업을 받게 되었다. 그리고 월급을 조금씩 모아 고가의 나무로 제작된 리코더를 구매하였고, 장미목으로 만든 나의 첫 목관 리코더에 '로지'라는 이름도 지어주었다.

일주일에 한 번 이렇게 나의 '숨표'가 되었던 리코더는 여전히 나의 취미 중 단연 1위를 차지하고 있다.

8개의 구멍을 손가락으로 이리저리 막으며 나오는 맑은 리코더 소리는 마음을 편안하게 해 준다. 그리고 새로운 곡을 연주할 때 악보를 해석하며 운지법을 익히는 것이 쉬운 일은 아니었지만, 그 곡을 완성했을 때는 뿌듯함을 느꼈다. 그렇게 체득한 연주는 쉽게 잊어버리지 않고 몇 달이 지나 다시 연주할 때도 손가락이 하나하나 기억하고 있었다.

애쓴 것이 사라지지 않고 나에게 남아 있는 믿음은 일을 할 때도 꼭 필요하다. 아무리 열심히 일해도 아무도 알아주지 않는다고 느껴지거나 지금 내가 하는 일이 나의 성과와는 아무런 연관이 없다고 생각될 때가 있다. 그럴 때 지금의 나의 노력이 나를 배신하지 않고 충성스럽게 내 곁을 지키고 있다는 믿음은, 무거운 내 다리를 들어 올려 걸음을 뗄 힘이 되어 주었다.

나는 여전히 리코더를 취미 삼아 연주하고 있고, 어느 정도 실력을 갖추게 되자 취미가 뭐냐는 질문에 떳떳하게 '리코더 연주'라고 소개하기도 한다.

지금도 주말에는 ㅂ면대 위에 가지런히 놓인 리코더를 입에 물며 바쁜 나의 삶에 짧은 쉼을 가지며 숨을 고르곤 한다.

"

내 삶의 긴 여정에서 이러한 쉼과 숨의 여유가 없었더라면,

힘든 순간을 마주할 때마다 쉽게 지쳤을 것이다.

또한 새로운 일에 대한 도전이나 용기를 갖기 힘들었을 것 같다.

그래서 오늘도 나는 일이 바빠서 아무것도 할 수 없다는 후배들에게

자신을 위하는 '쉼'과 '숨'을 챙길 수 있는

취미 하나 정도를 가져보라고 꼰대처럼 권한다.

미션, 나에게
나를 증명하라!

⏻

완벽한 어둠 속에서 안전한 포장도로를 벗어났다고 상상해 보자.
두렵다.
하지만 내가 나를 증명함으로써 획득한
성냥개비가 있어 이내 안전함을 느낀다.

아침 출근길, 현관을 나서서 사무실 내 자리에 앉기까지 약 1시간이 걸리는 그 길에 많은 풍경을 발견하게 된다. 특히 봄부터 초여름 간에는 계절의 변화를 기다리게 만드는 매력적인 꽃들의 자랑이 시작된다.

수선화와 튤립은 봄의 시작을 누구보다도 먼저 알게 해주는 기특함이 있다. 다음 자리는 누구보다도 화려한 자태를 뽐내는 작약이 채워간다. 연분홍의 겹겹이 쌓인 꽃잎들의 한가운데를 차지한 진분홍색의 미감은 결코 쉽사리 잊히지 않을 것만 같은 강렬함을 담고 있다. 뇌리에 오래 기억되는 이유는 그 어떤 인위적인 색감을 던져놓아도 '결코 섞이지 않으리라'는 당당한 자신 감 때문일 것이다.

풍성한 작약이 무리를 이뤄서 순차적으로 피고 지는 그러데이션의 향연을 마치고 나면, 또 다른 화려함의 여왕인 장미들이 빼곡하게 들어 온다. 빨강, 노랑, 하양, 살구, 연보라색들의 꽃들은 저마다의 꽃의 크기와 잎의 개수를 달리하여 각자의 고풍스러운 모습으로 자리한다. 그 길을 몇 번이나 들락날락하며 그 차이를 알아챘다. 그리고 속으로 한참을 감탄했었다.

'이토록 각자의 개성을 기가 막히게 잘 살려낸 꽃들이라니!'

실제로 각각의 개성만큼이나 이름마저 화려한 장미들을 기억해 내지도 못하고 가을로 접어든다. 머플러를 잊고 나오면 불안한 계절은 온몸의 피부가 그 어떤 장기보다도 먼저 알아챈다. 그리고 높게 솟은 건물들 사이로 떨어지는 울긋불긋 물든 나뭇잎이 남아 있을 때까지는 출근길의 무료함을 꽤 버틸 만했다. 하지만 곧 완벽하게 뜨지 않은 해를 뒤로하고 출근할 때나, 이미 저버린 해를 느낄 수조차 없이 퇴근해야 하는 겨울이 온다. 정말로 이제는 한참 동안 아침과 저녁이 구분되지 않는 깜깜한 길을 걸어야만 하는 순간에 도달한 것이다 회사에서 리더로 지낸 지 5년 차에 나는 그 순간에 당도했다. 나는 당시 어둠의 한가운데 있었고, 이를 깨달은 계기가 있었다.

미팅에서 내 주장을 펼치던 때가 잦았었는데, 당시 팀장은 항상 내 의견을 부정적이라며 본인이 정해 둔 '긍정의 답'을 내뱉는 다른 동료 리더에게로 나의 업무를 아무렇지 않게 넘겼다. '아인슈타인이 오더라도 안되는 건 안 되는 거예요!'라고까지 했던 나의 의견이 묵살되었을 때 비로소 내가 혼자서 어둠의 한가운데에 있다는 것을 알았다. 그동안 쌓아 왔던 지식과 경험들이 모두 부정당했다고 생각했다. 사실은 오랫동안 관리자로 일하다 보니, 스스로 무언가의 결과물을 만들어 낼 수 있을지 의심을 하고 있었는데, 나에 대한 의심의 불씨에 기름을 부어버린 것이다.

이렇게 휘몰아치는 불길 속에 한참을 있다 보니, 스스로 무엇을 할 수 있는 사람인지 증명할 방법을 찾아보자는 생각이 들었다. 마치 그것이 마음의 불길을 잠재우고 어둠 속에서 나를 발견할 수 있는 길을 보여 줄 것만 같았기 때문이다.

증명하기 위한 첫 번째 미션은 어려운 일에 도전하는 것이었다. 나에게 그것은 영어 회화였다. 성실한 덕에 고교 시절 영어 내신 성적은 쭉쭉 올랐지만, 회화만큼은 어림없었다. 이제라도 오랜 기간의 약점이었던 영어 회화에서 자신감을 찾고 싶었다.

일주일에 두 번, 한 시간씩 레슨을 받았고, 실력은 느리게 향상되어 근 1년이 지나서야 자신감을 찾을 수 있었다. 그리고 무엇보다도 새롭게 직무를 바꾼 부서는 영어를 거의 80% 넘게 사용했다. 본의 아니게 영어 회화 레슨을 받은 것이 제 목적을 찾아간 것이다.

두 번째 미션은 시험에 대한 도전이었다. 검증된 잣대와 신뢰할 만한 방법으로 거부당했던 내 지식과 경험을 다시 평가받고 싶었다. 그동안 답이 없는 문제와 씨름하느라 너무 지쳐서, 이제는 명확한 답이 있는 문제를 풀었을 때의 쾌감을 느끼고 싶었던 것이다.

시험을 보기 위해 방송통신대 통계·데이터과학과에 3학년으로 다시 편입했다. 회사원에게는 시간이 한정적인 터라 시험 기간이 공지되면 그에 맞춰 주말 일정이나 연차를 알맞게 활용해야 했다. 덕분에 무리 없이 중간, 기말고사를 치르고, 목표했던 학점으로 졸업할 수 있었다. 가끔 배운 것들에서 좋은 아이디어가 떠올라 실제 업무에 적용시킨 적도 있었는데, 상사에게 칭찬을 받지 않아도 개의치 않았다. 기존의 틀을 깰 수 있는 방법을 찾아낸 것으로 만족했기 때문이다. 공정한 평가를 받고 싶어서 시작한 공부가 업무에 적용되어 회사 생활을 다채롭게 해주었다. 이렇게 넓어진 기회는 내가 스스로 시작한 공부의 증명인 것이다.

자격증을 따는 것은 세 번째로 주어진 미션이었다. 그동안 회사원이라서 시간을 낼 수 없다는 것은 완벽한 핑계였다. 알아보니 주말에 개설되는 시험도 많았고, 부득이하게 평일에 봐야 한다면 연차를 활용할 수도 있었다. 여러 개의 자격증에 도전했고, 데이터 관련 자격증 3종을 획득했다. 그 과정에서 복습한 내용을 참고하여 신규 프로젝트를 기획하고, 이를 통해 얻어진 결과물로 사내 논문도 작성할 수 있었다. 이처럼 공인된 자격증은 매너리즘에 빠져 있던 내가 무엇을 할 수 있는 사람인지 다시 알려주는 썩 괜찮은 잣대가 된 것 같다.

마지막 미션은 독서와 독후감이다. 입사 후 펴 보지 않던 책을 다시 읽기 시작했다. 또한 책을 읽는 동안 메모를 해두는 것이 습관이 되어서 이제는 책의 구절을 내가 어떻게 느꼈는지를 기록하는, 소위 독후감을 자발적으로 쓰고 있다. 매주 한 편씩 쓰던 것을 2년째 이어 오고 있는 중이다. 나의 사고를 독후감 속의 글을 통해 밖으로 끄집어낼 수 있고, 객관적으로 스스로를 바라볼 수 있는 여력이 생겼다.

놀랍게도 이를 깨닫는 순간, 더 이상 나의 존재를 증명하려 지독하게 집착하지 않게 되었다. 무언가를 느끼는 내가 있고, 그러한 나를 보여줄 수 있는 방법으로 '글쓰기, 기록하기'를 택한 것이다. 이 활동은 사회적 잣대인 시험이나 자격증이 아니라 나와의 약속에 기반한 것이다. 내가 스스로 부여한 나를 찾기 위한 미션인 셈이다.

드디어 깜깜했던 어둠에 밝은 기운이 감돌고 빛이 들어오고 있다는 것을 느낀다. 내가 강제한 미션들이 어딘가로 나아갈 방향을 알려주고 있기 때문이다.

내가 이렇게 모은 작은 성냥개비 하나하나가 현재 있는 곳에서 어느 방향으로 가더라도 길을 비춰줄 수 있는 밑거름이자, 능력의 기반이 되기를 바라본다. 마치 가장 힘들 때 간절한 마음으로 붙잡았던 영어 회화 공부, 통계·데이터학과 시험, 자격증 취득과 책 읽기와 독후감 쓰기가 각각 새 부서의 직무나 새 프로젝트를 꾸릴 수 있는 역량이 된 것처럼 말이다.

"

어둠 속에서는 발걸음을 옮겨서 안전한 포장도로를 벗어나면

어떤 길이 펼쳐질지 내다볼 수 없어서 두렵다.

그리고 혼자만 있다면 더욱 무섭다.

하지만 이처럼 내가 나에게 증명함으로써 스스로 획득한 성냥개비 덕분에

이내 안전함을 느낄 수 있게 된다.

관계의 두려움을
극복하게 해 준 코칭 대화

⏻

나에게 필요했던 것은
상대방에 대한 이해뿐 아니라 나에 대한 이해였다.
코칭을 통해 나는 내 마음의 소리를 듣는 것도
함께 배우게 되었다.

나는 낯가림이 꽤 심한 편이다. 소수의 사람들과 함께 있거나 편한 사람과 있을 때는 말을 많이 하지만, 사람들이 많거나 낯선 집단에 가면 말이 없어진다. 그런데 회사에서는 단체 활동에 참여하는 것에도 거부감이 없고, 잘 모르는 사람에게 말을 거는 것도 크게 어렵지 않다. 아무래도 회사 동료들과는 함께 지낸 세월의 힘으로 마음이 편해지는 것 같다. 서로에 대한 이해가 생기기도 했고, 나와 직접적으로 관련된 업무를 하지 않는 사람들도 이름과 소속 정도는 대부분 알 수 있어서인지 일면식도 없는 사람에게 이메일을 보내거나 전화로 업무 요청하는 것도 망설임 없이 할 수 있었다.

그러던 내가 처음으로 회사에서 관계의 어려움을 느낀 건 파트장이 되었을 무렵이다. 마음의 준비가 전혀 되어 있지 않은 상태로 파트장이라는 책임을 덜컥 맡게 되어 흔히 하는 말로 '멘붕'이었다. 내 마음을 가장 불편하게 한 것은, 파트장이 되었다고 동료였던 부서원에게 업무를 지시하고, 평가를 하고, 결과에 대해 면담을 해야 한다는 것이었다.

내 일을 잘 해내는 것에만 자부심이 있던 내가 다른 사람들의 업무를 같이 고민하고, 이끌어주는 것을 잘할 리 만무하다. 그런 의미에서 파트원들도 똑같이 멘붕이지 않았을까? 얼마 전까지 일을 나눠서 같이 하던 사람이 갑자기 파트장이랍시고 업무를 평가하고 지시하면 꺼려지지 않을까?

나는 그간 내가 거쳐 간 여러 파트장들을 떠올려 보았다. 업무 지시가 부당하다고 느꼈던 것 같지도 않고, 면담하면서 억울한 기분을 느꼈다거나 할 말을 다 못하고 나온 기억도 없다. 그제야 내가 상사 복이 많았다는 것을 느꼈다. 나는 그들처럼 되기 위해 지금부터라도 뭔가 해야만 할 것 같았다.

그러던 어느 날, 아이의 친구 엄마 중 상담심리를 전공하고 전문 상담사로 있는 분에게 안부 연락이 왔다. 이런저런 이야기를 하다가 농담 반 진담 반으로 사이버대학에서 심리학이라도 들어야겠다고 푸념했다. 그때 전문가의 눈에는 내 고민이 꽤나 심각해 보였던 것 같다. 어느 순간 나도 모르게 상담을 받고 있었다. 지금 나에게 필요한 것은 심리학이 아니고 코칭이라면서 코칭을 배워보는 것을 추천했다.

코칭이라는 단어가 스포츠 분야가 아닌 일반 회사 업무에서 쓰인다는 것 자체가 낯설었던 나는 인터넷으로 우선 검색을 해보았다. 다 좋은 말 같긴 한데 진짜 이게 나한테 필요한지, 회사를 다니면서 배울 수 있는 게 맞긴 한 건지 당최 알 수가 없었다. 그렇게 코칭은 점점 내 머릿속에서 잊혀가던 어느 날, 회사의 리더십 교육 중 '코칭' 과정이 있는 것을 발견했다. 하루 과정이라 일단 부담 없이 들어보기로 했다.

그 과정을 듣고 난 뒤 내 머릿속은 더 혼란스러웠다. 이 과정을 들으면 파트원들의 심리를 좀 더 잘 이해할 수 있을 줄 알았는데 마치 나보고 마음에 없는 말을 하라는 것 같았다. 더구나 파트장들이 모인 교육장이다 보니 이건 리더십 과정이 아니라 각자의 애로 사항을 털어놓는 성토의 장 같았다. 마치 누가 누가 더 힘든가를 겨루는 것처럼 말이다. 이게 내 지인이 말한 코칭과 같은 건가 싶을 정도였다.

'이게 먹힌다고?'

'이렇게 질문하면 대답을 한다고?'

'이런 것도 칭찬을 해야 한다고?'

하지만 그때의 나는 정말 간절했다. 어느 순간부터 나는 파트
장 역할을 잘하고 싶어서라기보다는 '낯가림'이라는 단어만으로
설명이 안 되는 복잡하고 미묘한 감정이 더해지면서 타인과의
관계에 대한 두려움이 커지고 있다는 것을 깨달았다.

강의가 끝난 뒤 강사님을 찾아가 코칭을 제대로 배우려면 어
떻게 하면 되는지 여쭤보았다. 강사님은 자신이 소속된 기관에
서 진행하는 코칭 체험 프로그램에 한번 참여해 보라고 권했다.
알 수 없는 끌림에 나는 휴가를 내고 체험 프로그램에 참여했다.
회사에서 배운 것과는 다른 다양한 상황의 시연 장면을 보면서
나는 여러 번 울컥하는 감정을 경험했다.

회사 생활을 하면서 뭔가를 배운다는 것이 막막했지만, 그날
의 각오를 떠올리며 나는 코칭의 세계를 제대로 경험해 보기로
마음먹었다.

자발적으로 배운 교육이라 그런 걸까? 3일간의 교육 과정은
몰입도가 매우 높았다. 당장 회사에 가면 자신있게 파트원들을
대할 수 있을 것 같았다. 하지만 이어진 약 두 달간의 실습 과정

에서는 상처도 많이 받고 약간의 거부감도 생겼다. 이럴 땐 이렇게, 저럴 땐 저렇게 예시 문장을 보면서 따라 읽다 보니 어색하기도 하고, 도대체 쓰지 말아야 하는 말은 왜 이렇게 많은 건지, 말투 지적까지 받으면서 배워야 하는 건가 싶은 생각도 들었다. 하지만 실습 과정에서 경험이 많은 선배 코치들의 물 흐르는듯한 자연스럽고 편안한 질문과 대화를 들으면서 '이 또한 거쳐 가는 과정이구나'를 깨달을 수 있었다.

그렇게 코칭 수업을 들으면서 얻은 가장 큰 소득은 불과 몇 개월 동안 평생 만난 것만큼의 새로운 사람을 만났다는 점이다. 하물며 같은 회사의 동료들과도 속마음을 많이 나누어 보지 못했는데 다양한 연령대, 다양한 업종에 종사하는 사람들과 서로의 입장에 대해 들어보고 해결해 나가는 과정은 정말 값진 경험이었다. 그들의 모든 것을 공감할 수 있는 것은 아니었지만, 예전에는 내 위주로 생각을 했다면 이제는 상대방이 그 순간에 느꼈을 감정을 상상하면서 '그럴 수도 있겠다'라고 생각할 수 있다는 것 자체가 나에겐 커다란 변화였다.

물론 코칭을 배운 뒤 바로 회사에서의 고민이 사라진 것은 아니었다. 회사에서는 부서원 각각의 입장이 상충할 수도 있고, 리더로서 부서원들이 원하는 대로만 업무를 반영할 수도 없는 상황이었다. 실습 과정에서 알게 된 지인들에게 나의 이러한 고민을 주제로 코칭을 받기도 했다. 나는 그동안 싫은 소리는 결코 하려 하지 않았는데, 그러다 보니 불편한 상황을 회피하려는 경향이 있다는 것을 알게 되었다. 나의 어려운 점도 솔직하게 털어놓고 다른 사람들에게 도움을 구해볼 수도 있는데 그런 점이 많이 부족했다.

66

여전히 나는 혼자 있는 상황이 편하지만,

불편한 상황을 마주하는 것이 더 이상 두렵지 않다.

다름을 인정하는 순간 새로운 것이 보인다.

상대방을 통해 또 다른 나를 발견하기도 한다.

할까 말까 고민될 때는
이렇게!

아무것도 하지 않으면
하지 않았다는 것에 대해 계속 미련이 남는다.
그러나 '후회를 해도 한번 해 보고 후회하자'라는 마음으로 시작하면,
후회의 순간들을 최소화하기 위해서 애써볼 수 있다.

"궁금하면 일단 해 본다."

"할지 말지 고민이 되면 한다."

"해도 후회, 안 해도 후회할 것 같으면 한다."

비슷한 표현들이지만 내가 어떤 일을 결정할 때 거치는 생각의 흐름이다. 나는 꾸준히 지속하지는 못할지언정, 일단 시작해 보는 편이다. 그리고 시작하면 가능한 최선을 다해 본다. 왜냐하면 작은 시도와 가벼운 마음으로 시작했던 일이 기대보다 더 큰 성과로 이어지고, 더 큰 기회를 이끌기도 하기 때문이다.

나의 생각의 흐름을 정리면 다음과 같다.

첫 번째 흐름, "궁금하면 일단 해 본다." 궁금해서 시작했는데 '해 보길 정말 잘했다'라는 생각이 드는 경험이 한 번쯤은 있을 것이다. 나는 이 맛에 중독된 것 같다.

최근에 있었던 가장 큰 수확은 퍼실리테이터의 세계에 입문한 것이다. 수석으로 진급한 지 얼마 안 되어 여성 수석들을 대상으로 한 리더 교육을 신청하라는 안내 메일을 받았다. 퍼실리테이터 또는 코치 자격을 준비하는 업무 외 교육이었다. 퍼실리테이터? 코치? 둘 다 생소했다. 인터넷 검색을 해 보니 퍼실리테이터는 그룹의 구성원들이 효과적인 기법과 절차에 따라 상호작용을 촉진하여 목적을 달성하도록 돕는 사람이라고 한다. 그런데 설명을 읽어도 무엇을 하는 것인지 잘 와닿지 않았다. 그러나 일단 신청 버튼을 눌렀다.

교육 후, 퍼실리테이터 자격증을 준비하는 데 생각보다 많은 시간을 할애해야 했지만 퍼실리테이션 워크숍 특성상 실제로 준비하고 진행해 보면서 배울 수 있는 것이 많았다. 잠자고 노는 시간을 줄여가며 배우는 과정은 다소 버거웠지만, 퍼실리테이터로서 사람들과 소통하고 경청하는 방법에 대해서 배우고 고민할 수 있는 기회였다.

덕분에 동료들로부터 퍼실리테이션 공부 전후로 나의 소통 방식과 발표 스킬이 놀랍게 향상되었다는 칭찬을 들었다. 그리고 무엇보다도 퍼실리테이터로서 부서 내 크고 작은 워크숍을 설계하고 진행하면서 업무 관련된 이슈 해결에 적극적으로 참여할 수 있었다.

두 번째, "할지 말지 고민되면 한다." 회사 업무뿐만 아니라 가정에서도 이 습관은 툭하면 고개를 내민다. 아이가 초등학교에 입학하고 처음 열린 학부모 회의에 참석했다. 회의를 통해 아이들에게 동화책을 읽어주는 봉사활동이 있다는 안내를 들었다. 평소 집에서 아이에게 구연동화하듯 몰입해서 동화책을 읽어주는 것을 좋아했다. 아이들은 어떤 모습으로 내 이야기에 귀를 기울일지 궁금했다. 그러나 2주마다 아침 일찍 학교에 가서 책을 읽어준다는 게 쉽지 않을 것 같았다. 할지 말지 고민하다가 결국 동화책 읽기 봉사를 신청했다. 그러나 막상 학교에 가는 날이 다가올수록 마음이 무거워지기 시작했다.

'내가 왜 이것을 한다고 했을까, 괜히 신청했나, 잘 못 읽어서 우리 아이가 부끄러워하면 안 될 텐데….'

후회와 부담감이 밀려왔지만, 애써 감춰가며 아이와 함께 도서관에 가서 친구들에게 읽어줄 동화책을 고르고, 어떻게 읽어주면 더 재미있을지 리허설을 해 보았다.

아이는 엄마가 학교에, 그것도 자신의 교실에 와서 책을 읽는 다는 것 자체만으로도 신나고 설레는 것 같았다. 떨리는 마음을 뒤로 하고 연습한 대로 열심히 책을 읽었다. 호기심 가득한 눈으로 책 속으로 점점 빠져들고 있는 아이들의 모습이 너무 귀엽고 사랑스러웠다. 그리고 그 가운데서 뿌듯한 미소를 숨기지 못하고 있는 아이의 표정을 보니 손들기를 잘했다는 확신까지 들었다.

마지막, "해도 후회, 안 해도 후회할 것 같으면 한다." 지금 나는 미국에서 지내고 있다. 운 좋게도 회사에서 지원하는 1년간의 해외 연수 기회를 얻게 되어 가족들과 함께 몇 달 전에 미국에 온 것이다.

처음에는 고민이 많았다. 영어를 못 하는 아이는 미국에서 언어와 문화 장벽으로 힘들어할 것이고, 한국에 돌아와서도 빈 학습 공백을 메꾸느라 고생할 것 같았다. 게다가 남편 회사는 보수적이었다. 육아휴직이 진급에 부정적인 영향을 줄 수 있다는 가능성을 배제할 수 없었다. 그리고 남편이 휴직하고 나면 그만큼 수입도 줄어들어 집을 마련하고자 하는 우리의 큰 목표 수정도 불가피하다. 나 역시 회사에서 담당하던 업무가 중단될 것이고, 그 자리는 누군가가 대신할 것이었다. 해서 후회할 것 같은 일들이 눈에 훤히 그려졌다.

하지만 긍정적으로 생각하자 그 변화는 오히려 기회가 될 것 같았다. 연수 기회가 주어진다면 그동안 회사 생활에서의 노력을 인정받는 것이다. 아이는 미국에서 다채로운 문화를 배우고 친구들을 사귀면서 또 다른 배움의 기회를 얻을 것이다. 학창시절부터 지금까지 쉼 없이 달려온 남편에게는 그간의 고생을 다 독여줄 쉼표가 될 수 있고, 가족들과 온전히 함께 할 수 있는 소중한 시간이 될 것이다. 해도 후회할 것 같고, 안 해도 후회할 것 같으면 해 보자는 생각으로 연수 과정에 지원했고, 나는 그 기회를 손에 쥐게 되었다.

다행히 처음에 우려했던 일들은 아직 벌어지지 않았다. 아이는 걱정과 달리 즐겁게 학교를 다니고 있고, 아빠와 함께 하는 시간이 늘어 부녀 관계는 더욱 돈독해졌다. 함께할 수 있는 시간이 많아진 남편과 나는 대화가 더 많아졌다. 그리고 후회되는 일을 최소화하기 위해서 연수 기간 동안의 계획을 세우고, 차근히 실행해가고 있다.

아무것도 하지 않으면 하지 않았다는 것에 대해 계속 미련이 남는다. 그러나 '후회를 해도 한번 해 보고 후회하자'라는 마음으로 시작하면, 후회의 순간들을 최소화하기 위해서 애써볼 수 있다. 그리고 실패하거나 후회되는 일이 생기더라도 거기에서도 배우고 남는 것은 항상 있다.

"

잘못된 선택을 했다고 스스로 위축되기보다는 나를 다독이며 격려한다.

그리고 좋은 결과나 성과로 이어졌을 때의 기분은

이루 말할 수 없을 정도로 좋다는 건 두말하면 잔소리.

이것이 나를 조금씩 성장시켜 나가는 힘이고,

내가 꾸준히 해온 나의 자기계발 방법이다.

가볍고도 고단한
삶의 위로

⏻

책을 많이 읽고 훌륭한 사람이 되었다는
자기계발서 같은 얘기를 하고도 싶었지만,
나는 무엇도 이루지는 못했다.
대신 내가 책과 책 읽기를 얼마나 좋아하는지 고백함으로써
마음이 꽉 차는 기분을 느낀다.

나는 세상에서 가장 심심한 취미를 가졌다. 바로 '독서'다.

나는 한글을 배운 뒤로 뭐든 읽어대는 아이였다. 길을 걷거나 버스를 타고 갈 때면 보이는 간판을 모조리 소리 내어 읽었다. 지금도 버스나 지하철을 타면 온갖 광고를 읽고 제품 매뉴얼도 읽고 깨알 같은 보험약관도 읽는다. 어찌 생각하면 활자 중독일지도 모르겠다.

어린 시절 나는 동생과 터울이 커서 혼자 노는 시간이 많았다. 그때 책을 친구삼아, 열심히 끼고 읽었다. 저학년 때는 어린이용

책을 읽었고, 고학년이 된 이후에는 방학마다 이모 집에서 사촌 언니, 오빠들의 〈세계 문학 전집〉을 읽으며 나른하고 지루한 시간을 보냈다.

중학교 때 비슷한 취향을 가진 친구를 만났다. 우리는 거의 매일 하굣길에 헌책방을 들렀다. 용돈이 생기면 매번 구경만 하던 헌책방에서 책을 한 권씩 골라서 사곤 했다. 각자가 산 책을 다 읽으면 서로 바꿔 본 뒤 다시 헌책방에 가져가서 팔고 새로운 책을 샀다.

고등학생과 대학생 때는 학업을 위한 책 읽기를 해야만 했다. 아침저녁 독서 평설을 읽고, 한국 단편소설을 읽고, 필독서를 읽어내야 했던 고등학생 시절의 전투적 책 읽기가 대학생이 되고서는 전공 서적으로 바뀌었다. 학업의 현실을 벗어나고 싶을 때면 소설책을 읽었다. 스마트폰이나 유튜브도 없었고, 컴퓨터 게임도 안 했기 때문에 책이나 영화가 근사한 오락거리였다.

입사 후 첫 월급으로 뭔가 인상적이고, 비싸고, 오래 남는 것을 사고 싶었다. 고민 끝에 『토지』 전집을 구입했다. 20대의 내가 지적 허영을 뽐내고 싶었던 건지도 모르겠다. 어쨌든 나는 내 사치의 결과를 오랫동안 누리고 싶어서 후루룩 읽고 싶은 마음을 애써 누르며 조금씩 조금씩 아껴 읽었다. 지금도 소설 『토지』를 생각하면 신입 시절에 지냈던 여름날의 회사 기숙사와 셋이 쓰던

방의 내 구역에 꽂혀있던 책들이 먼저 떠오른다.

　학창 시절이 끝나면 공부를 위한 책 읽기는 끝날 줄 알았다. 하지만 어른이 되는 것은 왠지 어렵고, 회사 생활도 녹록하지 않았다. 일은 경험하면서 배우면 되지만, 사람에 대한 것을 알기에는 내 사교의 범위가 넓지 못했다. 결국 나는 지금까지 했던 것처럼 책에서 답을 찾으려 했다. 마음이 힘든 날은 에세이와 소설을 읽었고, 사람이 힘든 날은 심리와 처세에 관한 책을, 내가 싫어지는 날에는 자기계발서를 읽으며 마음을 다잡았다. 책에 대한 책을 읽고, 책을 좋아하는 사람에 대한 책도 읽었다. 여행을 가기 전에는 여행지와 관련된 에세이도 읽었다. 연애와 결혼을 앞두고는 남녀 심리와 결혼에 대한 책을 읽고, 첫아이 출산을 앞두고는 출산과 양육에 대한 책을 읽었다.

　이처럼 연애도 요리도 결혼도 육아도 말 그대로 책으로 배웠다. 내가 생각하지 못했던 것들을 내게 속삭여 주는 모든 책들이 훌륭한 선생님들이었다.

　최근에는 학습을 위한 독서를 다시 하기 시작했다. 지금은 회사에서도 리더 교육을 중요하게 생각하지만, 몇 년 전까지만 해도 연차가 높고 업무가 어느 정도 손에 익으면 갑자기 리더 역할을 맡긴 뒤 조직 관리를 동시에 하라고 했다. 뭘 어떻게 해야 할지 막막한 와중에 리더십 교육을 받기 시작하면서 그와 관련된 책을 읽기 시작했다. 한 권 두 권 읽은 책이 쌓이면서 드는 생각은 우리 리더들이 참 애를 쓰는구나, 하는 감사함이었다. 그리고 이런 것들을 조금 더 일찍 알았다면 더 좋았을걸, 하는 아쉬움도 보태졌다.

나는 일개 조직원인데 왜 조직 관리와 리더십을 알아야 할까, 라고 반문할 수도 있다. 하지만 프리랜서가 아니라면 어떻게든 조직 안에 있을 수밖에 없다. 같은 사람이라도 어떤 곳에서 일하는가에 따라 다른 결과를 낸다. 일 잘하는 조직은 어떤 곳인지, 내가 몸담은 조직이 어떤지, 내 조직의 리더들은 이곳을 일하기 좋은 곳으로 만들기 위해 어떤 노력을 하고 있는지 아는 것과 모르는 것의 차이는 있을 것 같다. 타고난 감각으로 알아차릴 수 없다면 배워서라도 알았으면 한다. 만약 그게 잘 안 되는 곳이라면 다른 곳으로 도망치거나, 때로는 내가 바꾸어야 할 수도 있으니까.

그러다 보니 조직 개발이나 코칭 등에 대한 책들도 읽기 시작했다. 조직 관리와 관련이 있어 보여 덤벼들기도 했지만, 알고 보면 지금 이 자리에서 더 잘하고 싶은 개인적 욕심과 호기심 때문인 이유가 더 크다. 다행히도 이것에 관심이 있는 친구들도 있고 모임도 있어서 적절한 자극과 응원을 받으며 즐겁게 책을 읽고 있다.

모임에서 기억나는 업적은 자발적으로 만든 『학습하는 조직』

이라는 책의 스터디 그룹에서 동료들과 독서 토론을 한 것이었는데, 그 책이 마침 회사 권장도서가 되어버려서 주변에 아는 척을 많이 할 수 있었다.

요즘은 책을 함께 읽는다는 기분을 느끼게 하는 다양한 요소들이 많아져서 과거보다 책 읽기가 더 재미있어졌다. 다양한 앱을 통한 온라인 독서 모임이 가능하고, 책에 대한 여러 유형의 콘텐츠도 많이 생겨서 원하는 방식으로 책을 즐길 수 있다.

일부러 독서 모임을 가지 않아도 오직 '책'이라는 주제로 대화할 수 있는 사무실 동료들도 여럿 생겼다. 각자가 읽은 책을 소개하고 감동받은 내용을 나누고, 서로의 취향을 드러내며 '책'이라는 주제 하나로 몇 시간씩 수다를 떨기도 한다.

현재 나의 책 읽기는 호기심을 해결하는 수단이면서 사교의 매개이기도 하고, 공동체의 유대를 다지는 도구이기도 하다.

그중에서도 책 읽기에서 얻은 제일 의미있는 것은 마음의 평화이다. 온 힘을 다해 일을 하다가도 책을 읽을 때면 나는 잠시 다른 세계로 갈 수 있었다. 머리가 복잡할 때나 위안이 필요할 때 책 한 권이면 어디든 그 공간은 책이 지배하는 공간이자 오롯이 나를 위한 공간이 된다. 그곳에서 평온을 되찾고 현실로 돌아오면 의욕과 용기가 다시 생긴다.

❝

가끔은 내가 지금까지 일할 수 있었던 것은

힘들 때면 언제든 도피할 수 있는 책이 있었기 때문이 아닐까 하는 생각을 한다.

때때로 너무 지쳐서 누구와도 대화하기 어려운 날이면

책을 읽으며 혼자만의 시간을 가지면서 충전을 한다.

그렇게 책은 노동으로 허비되는 가볍고도 고단한 삶의 유일한 위로가 되었다.

설레는 오늘을 만드는
삶의 활력소, 폴 댄스

⏻

**'수평적 성장'은 다양한 분야에서 자기 주도적으로
지식과 경험을 쌓아 새로운 시각과 활용 능력을 얻고,
성취감을 얻는 내면적 성장이다.**

　　나는 폴 댄스라는 조금 독특한 취미를 즐기고 있다. 최근 붐을 일으킨 골프나 테니스처럼 대중적인 활동이 아니기에 내 주변 사람들에게 종종 신기하게 여겨져 주목받기도 한다. 사실 폴 댄스는 초등학생부터 장년층까지 다양한 연령대가 즐기고 있으며, 남성들을 위한 '맨폴'도 매니아층이 형성되어 있다.

　　폴 댄스는 운동적 요소와 댄스적 요소가 결합된 스포츠이다. 온몸을 사용해 폴에 매달려 다양한 동작을 반복적으로 시도하는 과정에서 근육이 발달하고, 우아하고 아름다운 동작을 표현하다 보면 유연성이 길러진다. 요가나 피트니스처럼 반복적인 동작이 아닌 다양한 동작을 시도할 수 있어 지루함이 없다는 점도 폴 댄스가 사랑받는 이유 중 하나다.

내가 폴댄스를 시작한 것은 마흔이 넘어서였다. 바쁜 업무를 핑계로 차일피일 미루다 보니 뒤늦게 서야 취미를 갖게 됐다.

내가 몸담고 있는 메모리 반도체 제조업은 호황과 불황이 주기적으로 반복되는 대표적인 사이클 산업이다. D램 가격이 급등해 반도체 슈퍼사이클이 시작되면, 회사는 경쟁사보다 더 많은 양을 생산하여 가격을 낮추고 최대한 이윤을 남기려 한다. 쉽게 말해, 물이 들어왔을 때 물고기를 잡는 이치와 같다. 이 시기가 되면 회사는 최대 생산에 전력을 다하고, 반도체 양산을 책임지는 기술 엔지니어들은 기하급수적으로 증가하는 업무를 소화해야 한다. 평소에도 공정 개선 및 유지보수로 바쁘지만, 추가 생산까지 맡게 되면 일이 과중해진다.

오랜 시간 이러한 환경에서 일하다 보니, 나는 회사에서 장시간 일하는 게 익숙해졌고, 자연스레 회사 일 외에 할 줄 아는 것도, 하고 싶은 것도 없어, 오직 회사에서의 성장이 내 인생의 최대 목표가 되었다.

그러나 어느 순간 나는 회사에서의 직급 상승이 한계에 다다른 것을 깨달았다. 열심히 일해도 더 이상 이룰 수 있는 것이 없다는 생각이 들면서 내 인생의 방향에 대한 불안감이 커졌다. 일이 내 삶에서 차지하는 비중이 너무 컸다. 가장 든든해 보였던 '일'이라는 지지대가 무너지면서 내 삶이 바닥으로 곤두박질치는 느낌이 들었다. 만약 일 이외에도 여러 가지 삶의 지지대를 만들었다면 이렇게 쉽게 넘어지지는 않았을 것 같았다.

　이러한 회사 내 한계에 대한 고민이 깊어지던 중, 지인에게서 수직적 성장과 수평적 성장의 개념을 알게 되었다. '수직적 성장'은 특정 분야에서 전문성을 쌓아 더 높은 직위와 책임을 맡는 것을 의미하며, 이는 내가 추구하던 직급 상승이나 '눈에 보이는 성장'을 뜻한다.

　반면, '수평적 성장'은 다양한 분야에서 지식과 경험을 쌓는 것으로, 새로운 시각을 얻고 여러 분야에서 활용할 수 있는 능력을 키우는 '내면적 성장'을 말한다. 수평적 성장은 내가 관심 있는 분야를 스스로 선택해 배우는 자기 주도적인 방법으로, 이러한 과정을 통해 자아 성취감을 느낄 수 있다.

　따라서 회사에서의 직책이나 직급 상승이 더 이상 불가능하다고 해서 내 삶의 성장이 멈춘다고 생각할 필요는 없다. 나는 회사에서의 성장이 나의 전체 성장과 동일시되어서는 안 된다는 생각이 들었다. '자존감을 높일 수 있는 다양한 활동을 마련해 보자. 자존감을 회복하면, 다시 시작할 에너지가 생길 거야.' 이렇게 생각을 바꾸니 보이지 않던 다양한 성장 경로가 서서히 눈에

띄기 시작했다. 지금까지 시도조차 하지 않았던 새로운 도전에
나설 용기도 생겼다. 그 도전 중 하나가 바로 폴 댄스였다.

폴 댄스 수업을 시작한 첫날의 충격은 아직도 생생하다. 폴 댄
스를 시작하기 전까지는 내 몸을 이렇게까지 자세히 살펴본 적
이 없었다. 그저 눈에 보이는 부분만 대충 확인하고, 건강에 큰
문제가 없으니 괜찮다고 생각했다. 그러나 폴 웨어를 입고 큰 거
울 앞에 선 순간, 내 몸의 적나라한 모습을 마주할 수밖에 없었
다. 장시간의 컴퓨터 작업으로 말려버린 어깨, 혈액 순환이 원활
하지 않아 부풀어 오른 다리, 그리고 군살이 붙거진 모습까지, 그
동안 몸의 상태를 제대로 인식하지 못했던 것이 큰 충격으로 다
가왔다. 그제서야 그동안 몸의 이곳저곳이 왜 쑤시고 아팠는지
이해가 되었다.

시작한 첫 달은 정말 힘든 시간이었다. 최선을 다해 가르치는
폴 댄스 강사님께 매번 미안할 정도로 제대로 된 동작 하나 하지
못했다. 하급 난도의 동작조차 근력과 유연성이 필요했는데, 그
때 나의 몸은 이러한 준비가 되어 있지 않았다. 폴에 매달리는 것
도 쉽지 않았고, 조금만 움직여도 힘이 금방 빠져 동작을 유지하
고 있기 힘들었다.

하지만 포기만 하지 않으면 무엇이든 할 수 있다는 것을 나는
알고 있다. 회사에서 일하면서 얻은 좋은 습관 중 하나는 '포기하

지 않고 꾸준히 노력하는 것'이다. 꾸준히 연습하다 보니 조금씩 나아지는 것이 느껴졌다. 근력과 유연성이 조금씩 향상되었고, 폴에 매달리는 시간도 길어졌다. 실패하던 동작도 조금씩 성공하기 시작하면서 성취감도 높아졌다.

폴 댄스를 시작한 지 3개월이 지나자, 나는 우아한 동작 한두 가지를 성공적으로 해낼 수 있었다. 학원에서는 수강생들의 동작을 영상으로 기록해 주는데, 이 점이 특히 도움이 됐다. 영상을 통해 나의 발전 과정을 시각적으로 확인할 수 있어 좋았다. 1년이 지나자 나는 폴 프로필 촬영에 도전했다. 쉽지 않은 도전이었다. 우아한 포즈를 연출하기 위해서는 몸이 쓸리는 고통을 참아야 했다. 몸의 이곳저곳에 시퍼런 멍이 들었다. 고된 과정을 견딘 덕분에 볼 때마다 흐뭇한 미소가 지어지는 인생샷을 얻었다. 새로운 도전의 결과가 차곡차곡 쌓이면서 나의 삶이 훨씬 더 흥미롭게 느껴졌고, 회사 생활도 다시 활기를 되찾았다.

수직적 성장과 수평적 성장을 조화롭게 추구하는 것은 우리의 삶을 더욱 풍요롭게 만드는 중요한 요소이다. '수직적 성장'은 더 나은 직업적 기회를 제공하는 반면, '수평적 성장'은 우리의 삶을 다채롭고 풍부하게 만든다. 다양한 분야에서 지식과 경험을 쌓는 수평적 성장은 새로운 아이디어를 얻고 문제를 해결할 수 있는 능력을 키우며, 이러한 능력은 다시 수직적 성장에도 긍정적인 영향을 미친다. 두 가지 성장이 상호 보완하며 선순환의 고리를 형성하는 것이다.

> "
>
> **폴 댄스를 통해 나는 내 삶에 대한 만족도를 높일 수 있었다.**
>
> **이 글을 읽는 독자들도 자신만의 취미를 찾아**
>
> **수평적 성장과 수직적 성장의 조화를 통해**
>
> **자신의 삶을 더욱 풍요롭게 만들어 나가길 기원한다.**

내가 만난
언어 이야기

⏻

**계획만 해서는 무슨 일이 벌어질지 모른다.
실행을 했을 때 얻어지는 정답의 짜릿함도 좋지만
예상하지 못했던 일과의 간극이 나를 자극한다.**

언어를 좋아하지 않는다. 나는 화학자이다. 그러다 보니 유독 문과 과목에 약하다는 핑계를 댄다. 그랬던 내가 잘하는 것은 아니지만 지금은 다양한 언어를 하게 되었고, 또 도전하고 있다.

‘ショートケーキの上のイチゴ’ (조각 케이크 위의 딸기)

대학원 시절 나는 일본 드라마를 처음 접했다. 책상 정리를 하던 연구실 선배는 나에게 〈스트로베리 온 더 쇼트케이크〉라는 일본 드라마 CD를 주었다. 드라마의 내용보다는 손으로 조각 케이크를 들어 크게 한입 베어먹는 장면이 더욱 마음에 와닿았다. 그 장면을 보는 순간, '정말 행복해 보인다'는 느낌이 드는 것도 좋았고, 조각 케이크 위에 올라가 있는 딸기를 '가장 먼저 먹는 것을 좋아하는지', '나중에 먹는 것을 좋아하는지'를 묻는 장면도 인상적이었다.

요즘에도 종종 나는 사람들에게 이 질문을 하는 편이다. 물론 상황에 따라 다르겠지만, 나는 가장 마지막에 가장 맛있는 것을 입가심으로 먹고 행복함을 만끽하는 것을 좋아한다.

원래도 영화와 드라마를 보는 것을 좋아해서였을까, 일본 드라마의 짧은 호흡과 독특한 매력에 홀릭되어 밤을 새는 날도 늘었다. 그렇게 어느새 삼백 편이 넘는 드라마를 보던 중 일본어를 듣고 이해하는 나를 발견했다. 분명 언어를 좋아하지 않았는데 새로운 모습을 발견했다.

회사 입사 후 교토에서 개최된 학회에 참석한 적이 있다. 발표 시간이 되어 발표장으로 간 순간, 이상한 상황이 눈에 보였다. 많은 사람이 내 발표 포스터 앞에 모여 있었던 것이다. 학회장에서 그런 일은 드물기에 조심스럽게 다가갔다. 일본어가 들려왔다. 일본 분석기 업체에서 내가 설비 구매는 하지 않고 평가만 요구하더니 연구 발표에 그 데이터를 활용했다며 수군대고 있었다. 그때 나도 모르게 "저, 이거 제 연구인데, 전 귀사와 평가를 진행한 적이 없습니다."라는 서툰 일본어가 튀어나왔다. 그들은 관계사와 오인했다며 죄송하다고 사과했다. 이때 뭔가 통쾌한 기분이 들었다. 이상하다는 생각이 들면, 바로 그 자리에서 물어봐야 하고 잘못된 것 역시 바로 그 자리에서 바로 잡아야 한다. 집에 돌아와 이불킥을 하는 건 하고 싶지 않다. 드라마에 빠져 보냈던 나의 시간이 아깝지 않았다.

'삼 - さん(산) - sān(싼)'.

나는 '3'이라는 숫자를 좋아한다. 신기하게도 숫자 '3'은 한국, 일본, 중국의 발음도 유사하다.

언젠가, 회사에서 중국에 공장을 짓는다는 소문이 있었다. 관련된 업무를 하는 사람들에게는 중국어 집중 교육 기회가 주어졌다. 당시 나의 파트장은 내가 중국과 관련되어 담당할 일은 '절대' 없을 거라며 나의 교육 기회를 다른 사원에게 주었다. 그리고 몇 달 안 돼, 옆 파트 중국 업무 담당자가 퇴사를 했다. 그렇게 나는 중국 업무 담당자가 되었다. 물론 법적인 부분은 통역과 함께 진행할 수 있어 어려움은 없었지만 당황스러운 상황이었다. 그래도 혼자 중국어 시험준비를 했다. 도전한 사유는 하나다. 해외 출장 품의를 작성할 때 어학 보유 사항을 적어야 하는데 중국 출장에 '영어'라고 쓰기는 왠지 조금 이상하다는 생각이 들었다. 너무 초창기라 중국어 회화 자격이 있는 사람도 적었지만, 회화 자격을 보유했다는 소문에 다른 팀 동료들이 부러워하던 시선은 화장실에 귀뚜라미도 뛰어다니고 공사장 주변에는 길거리 음식밖에 없던 열악한 초창기 중국 생활마저도 즐길 수 있는 원동력이 되었다.

그때부터일까? 나는 회사에서 '절대'라는 말은 쓰지 않게 되었고, 일상에서조차 사용하지 않게 되었다. 언제 무슨 일이 생길지 아무도 장담할 수 없다는 생각을 하게 된 것이다.

늦은 나이에 결혼을 했다. 짝꿍과 결혼 5주년 기념으로 우유니 소금사막에 가기로 했다. 이번이 나에게는 세 번째 스페인어를 사용하는 나라로의 여행이었다. '이번에도 아무런 준비 없이 여행을 떠난다면, 내 인생에 스페인어는 없겠군'이라 생각했다. 그래서 여행지로의 출발 2개월 전인 2023년 11월, 바쁜 일정에도 우리 부부는 분당에서 성수동까지 왕복 세 시간을 감수하고 4주간의 스페인어 회화를 시작했다.

남미는 영어가 통하지 않았다. 메뉴를 달라는 말조차도 너무 어려웠다. 속성으로 습득한 스페인어였지만 숫자를 배우니 계산에 도움이 되었고, 소고기와 라마고기를 구분할 수도 있었다. 떠듬떠듬 어설픈 스페인어지만 인사와 짧은 대화를 통해 식당 점원 및 택시기사들과 즐거운 시간을 가질 수 있었다.

마지막은 위에서 말한 언어와는 조금 다른 컴퓨터 언어이다.

최근에 데이터 사이언스 업무를 시작하면서 접하고 있다. 학부 시절에 해커가 멋있어 보여 C 언어 관련 책을 구매했다가 겨우 한 장 읽고 덮은 기억이 있다. 이번에는 Python 언어에 도전 중이다. 세상이 너무 빠르게 변하고 있지만 속도에 맞춰 조금씩 적응하기 위해서 도전해 보려고 한다.

전공도 다르고 아예 생소한 분야라 쉽진 않겠지만,

새로운 도전을 통해 내가 움직일 동력을 얻는다.

어떤 날은 전략,
어떤 날은 사색

⏻

**어느덧 일상 시계가 되어
채우기와 비우기를 반복한 회사 생활.
조금은 지루하지만, 그런대로 그 삶을 즐기는
나만의 비법을 찾아 떠나 봅니다.**

"전략이 없어, 전략이!"

바로 위 상사가 출장으로 자리를 비운 어느 날, 상사를 대신하여 나는 동료와 함께 꽤 중요한 회의에 참석하게 되었다. 빗발치는 질문과 쏟아지는 도전 속에서 머리를 '쿵' 하고 내리치는 한마디였다. 회의는 끝났지만, 동료와 나는 밤 11시까지 사무실을 떠나지 못했다. 당장 내일까지 지적당한 전략을 다시 만들어 내서 회의에 참석해야 한다. 나와 동료는 서로에게 되물었다.

"도대체 전략이 뭘까?"

지금은 이렇게 가볍게 웃으면서 이야기하지만, 그 당시 나는 아무것도 시도하지 못하고 멍하니 서로를 향했던 초점 없는 눈빛을 잊을 수가 없다. 이를 계기로 나는 배워야 했다. 어문학 전공을 한 내가 근무를 하면서 경영학 공부를 할 수 있는 EMBAExecutive MBA(최고경영자 과정)의 기회는 선물이었다. 그래서 너무나 감사하다. 그 과정을 통해 나는 단순히 전략이 무엇인지가 아닌, '어떻게 전략을 만들어야 하는지'를 알게 되었다.

4학기 동안 정규 과정과 특강, 해외현장세미나International Residency Program(이하 IRP), 그리고 지도 교수님 지도하에 소그룹 단위의 프로젝트 활동을 통하여 기업이 당면한 현안을 전략적이고 체계적으로 접근함으로써 통찰력과 균형감각, 무엇보다 미래의 난관을 이해하고, 이를 극복할 수 있는 대안을 찾는 방법을 터득하게 된다.

첫 수업인 '전략경영'은 총 24시간 이내에 8번의 퀴즈, 2번의 쉽지 않은 과제가 주어졌고, 덕분에 나는 일요일만 되면 가족들 식사를 준비한 뒤, 도서관으로 가서 밤늦게까지 두꺼운 교재를 읽고 또 읽었다.

그렇게 처음부터 나를 당혹감에 빠져들게 한 전략경영 수업은 '무엇이 전략이고, 무엇이 전략이 아닌가'를 구분할 수 있는 선구안을 가져다주었을 뿐만 아니라, 그동안 어설프고도 파편화된 나의 지식을 체계화해 주었다.

  지금까지도 기억되는 가장 중요한 전략은 뜻밖에도 '포기'였다. 이 키워드는 기업 전략뿐만이 아니라, 내 삶의 전략에서도 중요한 의미로 나를 성장시켰다. 또한 학기 중에 진행되는 IRP 과정에서 세계적인 석학과 함께 질문하고 답하는 그 순간은 두고두고 기억에 남는 나만의 소중한 자산이 되었다. 금요일 오후부터 토요일까지 강의로 채워지며, 이어지는 일요일도 과제와 씨름한 그 시간들은 지금의 나를 미소 짓게 한다. 그런데 그 시간을 더욱더 풍성하게 만들어 준 건 다름 아닌 함께 수업한 학우들이다.

  모두 저마다의 분야에서 다년간의 탁월한 업적과 전문적인 경험을 통해 탄탄한 비즈니스 배경을 굳힌 학우들은 나의 스승이었다. 함께 수업하며 서로의 경험을 토대로 실질적인 산지식을 배우는 그 시간들이 지금의 나를 한층 성숙시켰다. 그리고 그때 함께한 분들은 졸업 후 수년이 훌쩍 지난 지금까지도 '책'이라는 매개체를 통해 함께 토론하고, 또 서로의 경험을 이야기한다. 그렇게 EMBA 과정은 나에게 또 하나의 성장을 주고, 참으로 소중한 인연이 되어 주었다.

이렇게 학업으로 채워지는 시간들 속에서도 나를 잡아주는 또 다른 시간이 있다. 나를 위해 기꺼이 비우는 시간이다. 이 시간을 거치지 않으면 나는 채워지지 않는다. 즉, 채움을 위해 비우는 시간들이었다.

많은 것 중에 내가 그토록 비워내고 싶은 건 무엇이었을까?

후배와의 대화가 떠오른다. 늦은 저녁 사무실에서 마무리 작업을 하고 있는 나에게 후배가 다가왔다. 뭔가 하고 싶은 말이 있는 듯하여 회의실로 향했다. 후배는 동료와의 불편한 관계에 대한 어려움을 토로했다. 그가 쏟아내는 무수히 많은 말을 나는 그저 묵묵히 듣고 있었다. 그리고 이렇게 말했다.

"너랑 나랑 아직도 이렇게 회의실에 있는 지금, 그 친구는 무엇을 하고 있을까?"

"아마 친구들 만나서 술도 한잔하면서 마음껏 이 시간을 즐기지 않을까요?"

"우리두 집에 가자."

다음날 후배는 나에게 고맙다고 했다. 나는 사실 한 게 없다. 아무 말도 하지 않고 그저 퇴근하자고 권유만 했을 뿐이다.

어쩌면 내가 그토록 비워내고 싶었던 건 내 안의 우선순위를 정하기 위함일 것이다. 내 안에서 내가 쉽게 해결할 수 없는 일에는 가치를 최소화하고, 내가 진심을 다해 할 수 있는 일에는 우선 순위를 둘 줄 아는 내가 되기 위함일 것이다. 사소함과 소중함을 구분할 수 있는 나를 보고 싶어함이 간절했던 것 같다.

속절없이 설레는 봄, 능소화에 반한 여름, 초록에 지쳐 단풍이 드는 가을, 쌓인 눈이 눈부신 겨울에도 나는 양재천을, 수원천을 걷는다. 바람 소리, 물소리, 고요한 구름에 나를 씻어낸다. 어느 날은 가족이, 어느 날은 함께 성장하고 있는 지인들이 곁에 있었다.

우리 모두 크게 말하지 않는다. 그저 함께 걸어간다. 내세울 것은 많지 않지만, 그래도 이런 소중한 나만의 색깔은 '걷기' 그 자체를 통해 완성되었다.

어느 날 한 지인이 걷는 과정 속에도 의미를 넣어 보지 않겠냐고 물어왔다. 요즘은 걸으면서 휴지 줍기를 하는 '플로깅'이 대세라며 그냥 걷는 것보다는 플로깅처럼 의미 있는 활동을 함께하는 게 좋을 것 같다는 그 물음에 "오~ 멋진 생각입니다."라며 당장 플로깅을 할 것처럼 들떴다. 그런데 잠시 후 나는 나를 돌아본다. 왜 이렇게 들떠 있을까?

내가 지금까지 바람, 물, 구름을 곁에 두고 묵묵히 걸어온 그 시간들은 '고요' 그 자체였다. 그런데 이 걷기에 무언가를 추가하려는 나는 소란스럽다.

'의미 있는 일'이라는 말은 유혹적이다.

내가 비워야 하는 이 시간마저도 채우려는 두근거림, 그것은 과도한 유혹이었다.

그래서 지금 나는 온전히 걷기로 한다. 오롯이 걷는 이 순간은 고요가 주는 위로다.

66

어떤 날은 전략을 배우고, 어떤 날은 사색을 하는 나는,

어쩌면 비우고 채우는 과정을 반복하면서

조금씩 조금씩 성장하고 있는 건 아닐까?

오늘의 내가
만들어지기까지

⏻

**본인에게 부족한 점이 있다고 느꼈다면,
그 부족함을 채워 나갈 방법을 찾고
가능한 빨리 실행으로 옮기자.**

입사 초기, 아무도 뭐라고 하지 않았건만 소심한 나는 팬스레 기를 펴지 못했다. 회사에서 무슨 일이 생길 때마다 정작 그 순간에는 아무것도 아닌 것처럼 행동했지만, 집에 돌아와서는 그 사건에 대해 계속 생각하며 '그렇게 하지 말걸'이란 후회를 매번 하고 있었다. 이것들을 어떻게 극복할지 그 해답을 찾는 것이 나의 숙제였고, 그 숙제는 지금까지도 진행형이다.

늘 기력 없고 시무룩한 나의 태도를 변화시키기 위해 시도한 한 가지는 '뇌와의 밀당 놀이'다. 고등학교 시절 힘든 일을 겪었을 때 효과를 본 방법으로 일종의 '뇌 속임법'이다. 확실하지 않은 것으로 인한 고민들, 오래 기억하기 싫은 괴로운 일들은 가능한 빨리 잊으려고 노력했고, 그것을 계속 반복해 보니 모든 일이 의외로 쉽게 잊히는 신기한 경험을 했다.

뇌 속임법에 속하는 또 다른 곁가지는 '얕잡아보기 전략'이다. 이 방법을 더 발전시켜 업무에도 적용했다. 버겁게 느껴지는 업무를 할 경우 마음속으로 '이거 별 것 아니야. 지금까지 하던 대로만 하면 다 할 수 있어.'라고 계속 되뇌면 어느 순간 정말 별것 아닌 것으로 느껴지고 훨씬 수월해졌다. 회사 생활 20년이 넘은 지금도 이 방법은 내게 유용한 도구이다. '그게 무슨 효과가 있겠어?' 하고 생각하시는 분들도 있겠지만, 나에게는 좋은 처방전이 되어 준 방법이다.

다음으로 업무를 진행하면서 실질적으로 부족하다고 느껴지는 것들에 대해서는 보충해서 스스로 떳떳해지자는 정공법을 선택했다. 내가 속한 부서는 해외의 전문가들과 일할 기회가 많아서 영어 사용 비중이 높다. 그 때문인지 미국 국적을 가진 분들도 많고, 한국인이지만 원어민 수준의 영어를 구사하는 분들이 즐비하다. 이에 비해 나는 영문 이메일 하나를 보내더라도 메일링 리스트에 포함된 사람들을 의식하며 자기 검열을 해야 했기에 많은 시간이 소요되었다. 두말할 것도 없이 업무효율은 떨어졌고, 나는 한없이 쪼그라져만 갔다. 그렇게 첫 1년을 보내고 나니, 더 이상 이래서는 안 되겠다는 생각이 들었다.

영어 때문에 업무를 망치기는 싫었다. 고민한다고 갑자기 영어 실력이 향상되어 원어민 수준이 되는 것도 아니고, 내 현재의 영어 실력이 감춰질 것도 아니었다. 결국 일이 잘 진행될 수 있을 만큼의 수준만 하자는 것으로 타협을 봤다. 우리 부서의 그 누구도 나에게 원어민 수준의 영어를 기대하지 않고, 나와 소통하는 외국인들은 우리 회사에서 비용을 지불하는 분들이니 콩글리시에도 익숙해져야 한다는 뻔뻔스러움을 내 머릿속에 추가 장착하였다. 그 이후로는 조금은 편해진 마음으로 영어 이메일도 보낼 수 있었고, 영어로 진행되는 유선 회의 및 대면 회의에서도 내 목소리를 조금씩 낼 수 있었다.

나는 내 일을 무척 좋아한다. 내게 맡겨진 일을 잘해 나가고 싶은 마음이 매우 크다. 그런데 이 영역에는 직무 관련 자격증을 소유한 전문가 비율이 높다. 내가 현재의 부서로 왔을 때만 해도 전문가 비율이 30% 미만이었는데 점점 그 비율이 올라가고 있다. 그럴수록 위기의식은 커졌다. 자격증 없이 경험과 지식으로도 물론 일을 잘 해낼 수 있지만, 내 목소리를 내고, 그 목소리에 힘이 실리기에는 조금 부족한 것처럼 느껴졌다. 회사의 연수 프로그램을 통해 자격을 갖춘 후배들이 하나 둘 증가하면서 그 고민은 깊어졌다. 저렇게 영민한 후배들과 대등하게 즐겁게 일하려면 나도 그에 상응하는 자격을 갖춰야 되지 않나, 하는 생각이 들었다.

고심 끝에 하나의 해결책을 찾았다. 자격증 취득이었다. 시간과 비용이 상당히 소요되는 것이라 실행 여부에 대해 고민도 많았다. 만약 자격시험에 통과하지 못하는 최악의 경우, 투자한 시간과 비용만 낭비했다고 여겨질지도 몰랐다.

하지만 고민만 하고 있는 것보다 희망을 보고 목표를 향해 나아가는 것이 나에게 긍정적인 효과를 줄 것이라는 확신이 들었다. 그래서 방송통신대학교의 관련 학과에 편입하는 것을 시작으로 대학원 진학, 미국 소재 대학의 석사과정을 거치는 약 6년간의 여정을 진행하였다. 주말 시간을 이용하여 강의를 듣고 시험 준비를 해야 했고, 때로는 업무를 마치고 강의실에 가서 밤 10시까지 수업을 들어야 하는 등 시간적으로 여유가 없는 생활이었다. 그러나 시간이 갈수록 이런 생활 패턴에 적응하면서 조금은 여유롭게 과정을 즐길 수 있게 되었다.

나의 이 도전은 아직도 진행형이다. 이미 실패를 경험한 나는 다시 시작해야 하는 시험 준비가 두려워 한동안 핑곗거리만 계속 찾았다. 그러나 초심으로 돌아가 나의 목표를 떠올려 마음을 다잡았다. 지금은 나의 친구인 '얕잡아보기'를 장착하고 다시 준비하고 있다.

시작은 주눅 들지 않고 내가 좋아하는 일을 하며, 콤플렉스를 극복하고자 한 일이었는데 그러한 시도가 하나둘 더해지니, 어느새 나는 학사 학위 3개, 석사 학위 3개를 보유하게 되었다. 이 것을 듣고 누군가는 나에게 '학위 컬렉터'라는 별명을 붙여주기도 했다.

어느덧 시간이 흘러 타고난 소심함을 이겨낼 정도로 사회화가 진행된 것일까? 때로 '나도 조금은 잘해 나가고 있어.'라고 스스로 칭찬해 주는 시선으로 나를 바라보기도 한다.

어느 저녁 시간 회사의 카페테리아에서 옆 테이블의 직원 두 분이 이야기하는 소리가 들려온다.

"야, 너 요즘 AI 기사나 영상 봤어? AI한테 원하는 영상을 설명하고 만들어 달라고 했더니 완전 영화보다 퀄리티가 좋은 영상을 만들어 놨어."
"응, 봤어. AI 시대에는 원하는 결과물을 얻기 위해서 정확한 지시와 묘사가 중요하대. 그래서 앞으로는 문과 전공하는 사람들이 대우받는 세상이 될 거래."

이 대화를 듣고 빙그레 웃음이 지어진다. 나는 공대 출신이지만, 입사 후 계속해서 쌓아온 소양은 문과 계열의 학문이다. 아직 충분하지는 않지만, 이과와 문과 계열의 학문을 모두 경험해 본 내가 미래의 어느 시점에는 경쟁력을 갖춘 인재상이 되어있지 않을까, 하는 엄청난 김칫국을 마시는 생각이 머릿속에 잠시 떠올랐기 때문이다.

❝

본인에게 부족한 점이 있다고 느꼈다면 힘들다고 불평만 하지 말고,

그 부족함을 어떻게 채울 것인가를 고민하면 좋겠다.

그리고 그 방법을 찾았으면 핑곗거리를 만들지 말고

가능한 빨리 실행에 옮기기를 추천한다.

그것이 장기적으로 본인을 위한 길임을 믿고 나가기를 바란다.

어려울 때마다 주기적으로 자신의 뇌와 밀당하듯이

뇌 속임 비법을 사용해 보는 것도 좋을 것 같다.

5장

나에게
'일'이라는 것

긍정으로
물들이다

⏻

**내가 속해 있는 조직을 긍정적인 인간관으로 물들이는 일이
말처럼 쉽지는 않겠지만, 누군가는 그 일을 시작해야 한다.
일단 누군가가 시작하면, 곧 이 일의 선의를 이해하고
긍정적인 변화에 동참하는 조력자들을 만나게 될 것이다.**

입사 후 20년 가까이 반도체 양산 기술 엔지니어로 일하고 있다. 양산 기술 엔지니어는 반도체의 최대 생산과 고품질 유지를 목표로 다채로운 업무를 수행한다. 가장 핵심적인 임무는 반도체 양산에 적합한 최적의 공정 조건을 찾아내고, 이 조건이 변함없이 일정하게 유지되도록 제조 환경 및 설비의 항상성을 유지하는 것이다.

반도체가 최적의 상태에서 생산되도록 하는 일은 말처럼 쉬운일이 아니다. 환경과 설비의 미세한 변화에도 원하지 않는 결함들이 만들어지기 때문이다. 미세한 결함들은 때때로 반도체 특

성을 악화시키고 수명을 단축시키는 치명적인 품질 저하를 초래할 수 있다. 이에 생산 과정을 실시간으로 모니터링하고 이상 데이터를 분석하여 잠재적인 문제를 해결하기 위해 많은 노력을 기울인다. 이러한 품질 관리 노력에도 불구하고 의도치 않은 품질 사고가 발생하여 애써 만들어 놓은 반도체 웨이퍼를 전량 폐기해야 하는 최악의 사태가 벌어지기도 한다. 품질 사고 관련자들은 사고에 대한 책임을 피할 수 없으며, 책임의 경중에 따라 질책을 받기도 한다. 그렇기에 우리는 늘 품질 관리에 대해 큰 책임감과 부담감을 가지고 일하고 있다.

우리 부서 구성원들은 각자의 경력과 맡은 역할에 따라 기대되는 자질이 서로 다르다. 신입사원들은 업무를 처음 시작하는 단계이기 때문에 열심히 일하는 것으로 충분하다. 이들은 실수를 하더라도 비교적 너그럽게 받아들여지는 경우가 많다. 하지만 경력이 쌓일수록 단순히 열심히 하는 것만으로는 부족하다. 구성원들은 부서의 목표를 달성하기 위해 의견을 수렴하고, 이를 바탕으로 전략을 수립하여 실행하는 능력을 요구받는다. 특히 책임 엔지니어가 되면, 역할 분담과 권한 위임을 통해 업무 효율성을 높이고, 구성원들이 책임감 있게 업무를 처리할 수 있도록 해야 한다. 일부에게만 업무가 몰리면, 그들은 업무 과중으로 인한 부담을 짊어지게 된다. 반대로 업무가 적은 사람은 회사일에 소외감을 느끼게 되고 성과를 내기 어려워 불만을 가질 수 있다. 이러한 불균형은 결국, 조직 내 업무 효율성과 팀 사기를 저하시켜, 조직의 목표 달성을 어렵게 하는 장애물이 된다.

안타깝게도 책임 초년 차의 나는 책임 엔지니어에게 요구되는 이러한 자질을 깊이 이해하지 못했다. 단순히 사원 시절보다 더 전문적인 기술을 습득하고 이를 능숙하게 수행하는 데만 집중했다. 돌이켜보면, 이 시기에는 기술 능력 향상보다는 리더십에 대한 진지한 고민을 시작해야 했다. 당시에는 후배들이 힘들어하면 도와주는 것이 리더십이라고 생각하며, 과도한 업무 욕심에 휘둘렸고, 이러한 미성숙함이 큰 아픔을 가져왔다. 오랜 시간이 지나도 그때의 경험은 여전히 생생하다.

여러 가지 업무로 매우 바쁜 어느 날이었다. 나를 비롯한 책임 엔지니어들이 맡은 업무가 많다 보니 후배들이 익숙하지 않은 업무를 하겠다고 자청했다. 후배들의 일 중 공정 개선을 위해 기준 정보를 변경하는 일이 있었는데, 그게 눈에 자꾸 아른거렸다. 기준 정보 변경은 확인해야 할 사항이 많아 엔지니어들이 실수하기 쉬웠고, 그로 인해 품질 사고가 발생한 전례가 있었다. 후배가 이 업무를 맡았을 때 실수할까 봐 걱정되었고, '그냥 내가 하는 것이 낫겠다'는 생각이 들어 그 일을 추가로 받아 왔다. 원래도 넘치는 업무에 일이 추가되자 마음에 여유가 없었다. '처음 하는 일도 아닌데 잘 했겠지' 생각하며 기준 정보 변경 후 이상 유무를 확인하는 절차를 소홀히 했다. 이 실수가 화근이 되었다.

그 후 며칠이 지나 품질 관리 부서로부터 웨이퍼의 특성이 내가 기준 정보 변경 작업을 진행한 시점부터 나빠졌다는 연락을 받았다. 그제야 변경해야 할 기준 정보 중 일부가 누락된 것을 알게 됐다. 결국 나는 꼬박 한 달 동안을 사고 수습에 매달려야 했다. 품질 사고의 책임을 지고 원인과 해결책을 보고하러 다니는 그 순간순간이 가시방석에 앉은 것처럼 고통스러웠지만, 그 누구에게도 내색할 수 없었다. 일을 저질러 놓고 수습도 제대로 하지 못한다는 말까지는 듣고 싶지 않아, 사고처리가 완전히 마무리될 때까지 이를 악물고 버텼다. 그때의 품질 사고를 다시 돌아보면 여러 측면에서 반성하게 된다.

첫째, 일 욕심에 대한 반성이다. 혼자서 과도하게 일을 짊어지는 것은 매우 위험하다. 인간의 인지적 자원은 제한적이며, 동시에 여러 작업을 효율적으로 처리하는 데는 한계가 있다. 과도한 작업을 시도할 경우, 주의력이 분산되고 실수할 가능성이 높아진다.

둘째, 후배보다 내가 더 잘할 것이라 자만하는 나의 태도에 대한 반성이다. 그들의 능력을 믿고 업무를 맡기고 그들이 필요로 하는 지원만 적절히 제공했다면 그때의 품질 사고를 막을 수 있었을 것이다.

'그러면 나는 조직에서 어떻게 일을 해야 할까?' 고민하던 중 쿠퍼실리테이션의 구기욱 대표가 쓴 『반영조직』이라는 책을 읽게 됐다. 이 책을 통해 나는 품질 사고의 원인이 선의로 포장된 나의 잘못된 리더쉽 때문임을 제대로 직면할 수 있었다.

> "부하 직원에 대해 열등한 인간관을 가진 리더는 자신이 조직을 잘 이끌고 가야 한다는 사명감이 투철하고, 그래서 부하 직원을 잘 가르치기 위하여 노력한다.
> 이는 타인, 특히 부하 직원은 자신보다 경험과 지식이 부족하여 현명한 결정을 내리기 어려울 것이라고 보는 잘못된 인간관이다."

요새 동료들에게 "시키니까 하기는 하는데 왜 하는지 모르겠고 꼭 해야 하나 하는 생각이 들어요."라는 말을 자주 듣는다. 이러한 한탄을 줄이기 위해서는 구성원에게 적합한 권한과 책임을 맡기는 일이 매우 중요하다. 또한 이를 위해서는 동료들에게 긍정적인 믿음을 갖는 것이 선행되어야 한다. 믿음이 없으면 권한을 맡기기 어렵다. 동료들이 자신만의 방법으로 최고의 해결책을 찾을 것이라 믿고 신뢰해야 한다. 구성원을 신뢰하고 결정권을 부여함으로써 자발성을 촉진할 수 있으며, 이는 높은 성취로 이어지는 선순환을 만들어 낸다. 이러한 선순환은 구성원들이 능동적으로 성장할 수 있도록 지원하는 조직으로 변화시킬 것이다. 나는 부서원들에게 긍정적인 인간관의 중요성을 알리고, 그들을 긍정적 인간관으로 서서히 물들이는 방법으로 조직의 성장에 기여하고자 한다.

66

내가 속해 있는 조직을 긍정적인 인간관으로 물들이는 일이

말처럼 쉽지는 않겠지만, 누군가는 그 일을 시작해야 한다.

일단 누군가가 시작하면,

곧 그 일의 선의를 이해하고 긍정적인 변화에 동참하는

조력자들을 만나게 될 것이라 믿어 의심치 않는다.

어쩌다 보니
그렇게 되었습니다

⏻

**강제로 겪어야만 했던 이 경험들이 언제든 무엇이든 바뀔 수 있고,
그것을 받아들여야 한다는 것을 알게 했다.
그리고 그런 때에도 나는 잘 적응할 수 있다는 막연한 믿음을
어딘가에 새겨 놓은 것 같다.**

작년 11월에 회사로부터 20년 동안의 근속을 기념하는 기념패를 받았다. 묵직한 기념패의 무게감은 20년의 시간을 한 해 한 해 무게로 환산한 것 같았고, 막연했던 지난날들을 갑자기 현실로 느끼게 만들었다.

요즘은 정년퇴직을 하면 사내뉴스에 나올 정도로 낯설고, 이직은 워낙 일반적이기 때문에 이렇게나 오래 한 회사에 남아 있는 내가 어떤 이들에게는 특이하게 보이기도 할 것이다. 하지만 20년을 항상 같은 일만 하면서 지냈던 것은 아니었다. 운 좋게도 내가 근무하는 회사는 생각보다 다양한 일과 역할을 경험할 수

있는 곳이다.

처음 입사한 곳은 소프트웨어를 개발하는 연구소였다. 사업부는 당장 고객에게 판매하기 위한 소프트웨어를 개발하였고, 연구소는 사업부가 미처 개발하지 못하거나 앞으로 필요할 것이라 예측되는 것을 의뢰받거나 연구소가 직접 기획한 것을 개발하기도 했다. 그곳은 정기적으로 과제 평가를 했는데 대부분의 부서가 연말에는 한 해의 성과를 정리하고, 연초에는 새로운 과제를 준비하였다.

연말에 발표한 과제의 성과와 사업부의 요청에 따라 다음 단계를 이어서 진행할지를 결정하였다. 매년 과제의 지속 여부가 불확실한 만큼 과제를 하는 나도 연말 연초는 뭘 해야 할지 잘 모르는 상태로 지내야 했다. 요즘은 업무 시간의 일부를 자기계발에 쓰라고 권장하는 부서장도 있고, 회사가 교육을 권하는 분위기지만 당시는 그렇지 않았다. 그래서 내게 연구소 생활은 안정적이지 않고 늘 불안했다.

4년 정도 연구소에서 일하고 사업부로 이동할 기회가 생겼다. 연구소에서 마지막으로 참여했던 과제는 선행연구가 아닌 이미 사용처가 정해진 소프트웨어를 개발하는 것이었다. 선행연구는 지금까지 없는 기술과 제품을 목표로 하기 때문에 적절한 제품과 시기를 만나지 못하면 제대로 활용되지 못하는 경우가 많다. 그에 반해 처음부터 제품과 명확하게 연결되는 과제를 해 보니 내가 만든 결과물이 고객에게 전달되고 상품으로 만들어져 실제 사용자가 쓸 수 있다는 것이 큰 매력으로 느껴졌다. 개발이 끝난 뒤 과제의 유지 보수를 위해 사업부로 이동할 지원자를 선발했다. 나는 내가 만든 것이 제품이 되는 것을 보고 싶다는 단순한 생각으로 지금의 사업부로 옮겨 왔다.

사업부는 상대적으로 연구소보다는 경직된 분위기였지만, 일은 기대보다 더 재미있었다. 처음으로 내가 만든 소프트웨어가 스마트폰에 탑재되었을 때의 그 기쁨을 아직도 잊을 수가 없다. 무형으로 존재하던 것이 실제 고객에게 전달되었다는 짜릿함과 함께, 이제 나도 회사에 기여할 수 있는 개발자가 되었다는 뿌듯함을 느꼈다.

그렇게 즐겁기만 할 줄 알았는데, 사업부에서도 연구소에서처럼 과제를 계속할지 말지 갈팡질팡하는 불안정한 상황이 생겼다. 때마침 나는 육아휴직을 하는 시기와 겹쳐서 동료들이 혼란을 겪는 동안 육아라는 낯선 환경에서 나만의 과제를 해야만 했다.

육아휴직 기간은 오롯이 육아와 살림만 하는 시기였다. 짧은 기간이지만 육아와 가사를 전담하며 전업주부로 지내보니 집안

일을 능숙하게 하는 것이 생각보다 어려웠다. 게다가 새로 사귄 이웃들의 전문가다운 솜씨는 나를 주눅 들게 하였다.

새 이웃과의 교류는 즐겁기도 했지만, 아이를 통해 맺어진 관계는 아이들에 의해서 좋아졌다가 나빠졌다가 했다. 어찌보면 자연스러운 일인데, 그때는 뭐든 힘들었던 시기라 적응이 쉽지 않았다.

새로운 것에 어려움을 느끼면서 익숙했던 것이 그리워졌다. 회사에 다닐 때는 낯간지럽게 생각했던, 막연하게 무언가에 기여한다는 기분, 그리고 '우리는 한 팀'이라는 소속감 따위가 그리워졌다. 나는 내향적이고 혼자 있는 것을 좋아하는 사람이라고 생각했는데 이런 감정이 드는 내가 낯설었다. 십여 년의 직장 생활이 나를 바꾼 것인지, 원래 이런 사람이었는지 알 수는 없지만, 잠시 일터를 떠난 것은 나를 알게 되는 계기가 되었다.

휴직 기간이 끝날 무렵에는 다시 신입사원이 된 것마냥 설레었다. 내 자리를 마련해 준 회사나 오랜만의 만남을 반기는 동료들에게도 감사한 마음이 먼저 들었다. 일 년이나 그리워했던 일을 다시 한다는 것이 마냥 좋아서 뭐든지 할 수 있을 것만 같았다.

하지만 공백을 메우는 것은 그리 만만치 않았다. 가장 먼저 8시간을 한 자리에 앉아서 근무하는 것부터 적응해야 했다. 다시 미숙한 사람이 되는 것에 스스로 익숙해져야 했고, 다음으로는 상사와 동료들에게 나의 쓸모를 증명해야 했다. 나보다 먼저 승진한 입사동기에게 뒤끝 없는 축하도 해야만 했고, 상사가 되어 버린 후배를 마음으로 인정하고 따르는 연습도 해야 했다.

돌이켜보면 강제로 겪어야만 했던 이런 경험들이 '언제든 무엇이든 바뀔 수 있고, 그것을 받아들여야 한다는 것'을 깨닫게 했다. 이제는 안정적이지 않은 상황일 때도 불안감보다는 극복해보자는 의지가 먼저 생긴다.

'일'에 대해서도 다시 생각하게 되었다. 내가 그리워했던, 팀으로 함께 일할 때의 에너지와 소속감을 느끼려면 '어떤 일을 하는지'보다는, '어떻게 일하는지'를 고민해야 했다. 내가 일을 잘하는 것도 중요하지만, 우리 팀이 일을 잘하게 하려면, 내 동료들이 즐겁게 일을 하려면 무엇을 해야 할지도 생각하기 시작했다. 자연스럽게 일하는 방법이나 조직문화를 좋게 만드는 것이 궁금해졌고, 회사 안에서 그것에 관심 있는 사람들과 만날 기회가 생겼다. 그렇게 만난 다양한 사람들이 새로운 경험의 원천이 되면서 회사 생활이 더 흥미로워졌다.

"

지금 내가 하고 있는 일은 처음 회사에 들어왔을 때는

전혀 계획하지 못했던 것들이다.

어쩌다 보니 그때그때 하게 된 일들로 인해

지금까지 오게 되었다고 말할 수밖에.

그런 것치곤 모든 경험이 다 의미 있고 나를 알아가는 데 도움이 된 것들이었다.

남은 회사 생활 동안 새로운 나를 발견하게 해 줄 경험들이

얼마나 더 있을지 기대되는 삶이다.

꿈을 찾아
헤매이다

⏻

**꿈을 또 하나 포기했다.
다른 꿈 또 하나를 찾는다.
나의 열정이 식지 않기를 바라려면,
어떻게든 꿈을 찾아야만 한다.**

나는 회사 일을 하면서도 항상 나만의 작은 꿈을 꾼다. 누군가는 큰 꿈을 가지라고 이야기하지만, 나는 꿈의 크기보다는 꿈이 있는 것 자체가 가장 중요하다고 생각한다. 건강도 고려하고, 경제력도 고려하고, 주어진 제약사항들을 모두 고려한 후에 꿀 수 있는 작디작은 꿈이라도 상관없다. 그 꿈을 통해서 무엇인가를 해낼 수 있는 열정을 이끌어낼 수만 있으면 되지 않을까?

어린 시절, 언니의 베토벤과 쇼팽 피아노 연주를 듣고 자란 나는 피아니스트를 꿈꿨었다. 하지만 콩나물 한 줌을 살 때조차도 여섯 살 어린 나에게 연민을 느끼게 했던 엄마의 주머니 사정은, 조금 더 자라면서 '피아노 치는 건 취미로 해야겠다'라는 생각을 가지며 꿈을 그저 평범한 시간 때우기로 바꾸어 놓았다. 그렇게 나는 처음으로 꿈을 포기했다. 하지만, 곧바로 다른 꿈을 찾았다.

몸이 약한 엄마를 보며 자랐고, 나 역시 잔병치레가 많았다. 그러다 보니, 아픈 이유가 궁금했고, 건강해지는 방법을 알고 싶었다. 그래서 '의사'라는 꿈을 찾았다. 하지만 고등학교 시절에 이미 체력적으로 한계가 한 차례 왔었다. 고2 때, 학교 수업만 겨우 들은 후 12시간씩 잠을 자는 생활을 약 3달간 하다가, 복장 터진다는 엄마의 잔소리에 독서실로 쫓겨났다. 그런 와중에 의사들의 삶을 보여주는 드라마 한 편을 접했다. 의사가 되려면 하루 2~3시간씩 자는 인턴/레지던트 시기를 거쳐야 한다고? 무리다. 결국 의사에 대한 꿈을 바로 접었다.

이번에도 재빠르게 새로운 꿈을 향한 길을 찾아냈다. 대한민국 제1호 해커 사건 뉴스를 듣고, 들떴던 기분이 기억났기 때문이다. 뚜렷하게 무엇인가 되어야지 하는 마음은 없었지만, 그저 컴퓨터 관련 일을 해야겠다는 생각을 하며, 전자 컴퓨터 공학부로 진학했다. 두 개의 과를 얼떨결에 이리저리 동시에 접하게 되었고, 나의 선호도는 전자 공학부를 가리키고 있음을 알게 되었다. 기왕이면 더 즐거운 일을 해야지, 하는 마음으로 또 새로운 꿈을 꾸기 시작했다.

이렇게, 회사 생활을 하기 전 어린 시절에도 꿈을 포기하고, 다시 찾기를 반복했다. 어떤 이들은 정말로 간절하게 하고 싶은 일이 없어서 그런 것 아니냐고 반문할 수 있는데, 부정하고 싶지는 않다. 그리고 그런 간절함이 나에게도 찾아오는 행운이 있었으면 얼마나 좋았을까 하는 마음도 있다. 이렇게 수월하게 포기하고 수월하게 찾은 꿈만 가지고도 무엇인가를 계속할 수 있는 열정을 뿜어 낼 수 있으니 말이다.

대학교 입학 후 4개월도 채 되지 않아, 전자 공학도로서의 꿈을 구체화했다. 이 꿈은 이룰 수 있겠다는 확신이 들었다. 안정적인 미래가 보장되는 곳은 대기업이라 생각했고, 거기에서 잘 버티려면 박사과정까지 해야 한다고 생각했다. 대학원 학비에 관련해서는 선배들과 상담을 했고, 공과 대학원생들은 연구실에서 일을 하는 대신, 학비뿐만 아니라 용돈까지 지급된다 했다. 추가적인 정보도 얻었다. 대기업에서는 해외로도 박사를 보내 주는데, 경쟁에서 유리한 입장을 취하기 위해서 석사까지는 하고 입사하는 것이 좋다는 정보였다.

석사를 마치고 입사한 후에는, 어떻게 하면 해외 박사과정을 회사로부터 지원받을 수 있을지에 관심이 쏠려 있었다. 해당 정보는 신입 입문 교육 과정에서 얻을 수 있었다. 회사에 기여도가 높으면 주재원, 학술 연수, 방문 연구자_{visiting scholar/researcher} 지원 등을 받을 수 있는 길이 열려 있다는 것이었다. 한마디로 일만 열심히 하면 기회가 온다는 것이다. 부서를 배치받고 난 후에는 누구보다도 열정적으로 회사 일에 최선을 다했다. 삶의 최대 우선순위를 '업무'로 두었다고 하면 될 것 같다. 당최 휴가를 신청하지 않아 포상으로 강제 휴가가 주어진 적도 있었으니 말이다. 그리고 계획대로 해외 박사과정 혜택을 받게 되었다. 그렇게 나는 회사에서 내가 원하던 작고 소소한 꿈 하나를 이루어 냈다.

박사과정을 마치고 복귀한 후에는, 무엇인가 뚜렷이 되고 싶은 것이 없었다. 어린 시절처럼 선택의 폭이 넓지 않아서였을 수도 있다. 주변 지인들은 회사에서는 임원, 회사 밖에서는 스타트업, 정년을 걱정한다면 재테크나 자영업을 고려했다. 모든 것들이 가슴에 와닿지 않았다. 소박하더라도 내가 이루고 싶은 꿈을 위해 일하는 동안에는 어떤 고난이 닥치더라도 열정적으로 일할 수 있었는데, 일상은 달랐다. 단순히 이것저것 할 일만 많으면서 지루했고, 무엇을 하더라도 하나로 응축되기보다는 흩어져 버리는 것 같았다. 마치 삶의 중심을 잃은 듯했다. 이때부터는 새로운 꿈을 찾는 것이 시급했고, 되고 싶은 것을 찾기 어렵다면, 내가 가지고 싶은 능력은 무엇이지 질문을 바꾸어 보기로 했다.

입사 이래 많은 분야의 전문가들과 일해 오면서, 많은 능력자를 만났지만, 그들의 역량을 50%라도 채 쓰고 있나 하는 생각이 든 적이 많았다. 그래서 항상 마음 한켠에 모두의 역량을 골고루 조화롭게 잘 조율해서 공평하고 행복하게 일할 수 있었으면 하는 마음이 있었다. 그렇게 하면 여러 사람들을 잘 이끌어서, 새롭고 참신한 제품을 함께 만들 수 있지 않을까 하는 마음이었다. 이렇게 해서, 나는 나의 새로운 꿈을 이런 능력을 가지는 것으로 설정했고, 이 꿈을 이루기 위해서 또 여러 시도들을 하고 있다.

　나는 지금도 회사 일을 할 때, 내가 하고 싶은, 혹은 내가 가지고 싶은 무엇인가를 이루기 위해 작은 꿈이라도 만든 후에 진행한다. 같은 일을 하더라도, 조금 더 적극적으로 하게 되고, 조금 어렵고 힘든 일이 생기더라도, 금방 다시 일어설 수 있는 힘을 주기 때문이다.

❝

나에게 있어서 일은 내가 꿈꾸는 것을 돕는 존재여야만 한다.

그렇기만 하다면, 당장은 재미가 없는 경제적인 수단이어도 된다.

일을 꿈을 이루어주는 도구로 생각해야만,

삶을 좀 더 긍정적이고 적극적으로 바라볼 수 있기 때문이다.

그래서 나는 다른 이들도 나처럼 작디작은 꿈이라도 꾸면서,

힘내서 회사 생활을 잘 버틸 수 있었으면 하는 마음이다.

파트장님은
꿈이 뭐예요?

⏻

어릴 때 과학자의 꿈이
비스름하게 엔지니어링을 하는 나를 만들어 주었듯이
지금 내가 후배들에게 길을 열어주고 싶다는 꿈이
비스름하게 위로가 되는
괜찮은 선배의 모습을 남겨줄 수 있을 거라 믿는다.

생각해 보면 나는 참 못 말리는 울보였다. 중·고등학교 시절부터 담임선생님은 '너는 무슨 애가 말도 꺼내기 전에 상담실에 들어오면서부터 울기 시작하니? 너한테는 아무 말도 못 하겠다'라고 하실 정도였다. 그때 나 역시 그런 나 자신이 이해가 안 가고 창피하게 왜 그러는지 설명하기도 어려웠다. 하지만 수십 년이 지난 지금은 그때의 눈물범벅이던 소녀의 마음에 무엇이 있었는지 어렴풋이 짐작할 수 있다.

그 어린 소녀는 누군가가 힘들어하는 자기를 알아봐 주길 원하고 있었던 것이다. '너도 참 애쓴다. 그렇게 애쓰는 너도 참 괜찮은 사람'이라고 누군가가 따뜻한 목소리로 응원해 줄 때면 나도 모르게 눈물이 흐른다.

그러던 나는 너무나 오랫동안 회사에서 내가 울보라는 것을 잊고 살았었다. 또 회사에서는 항상 이성적이어야지 감정적이면 손해가 된다고 생각하며 오랜 기간을 근무했다. 그러나 최근 회사 내에서 '1 on 1'이라는 개별 코칭 문화가 확산되고, 때론 멘토로, 때론 멘티의 역할을 하게 되면서 내가 여전히 울보라는 것을 새삼 깨닫는 순간들이 생기게 되었다. 어떨 때는 상담실에서 훌쩍거리는 어린 시절의 소녀로, 어떨 때는 그런 나를 따뜻하게 지켜보아 주시던 선생님으로, 30여 년 전의 어느 날로 돌아가게 된다.

나는 20여 명이 안 되는 소규모 파트를 이끌며 사람들의 여러 가지 역동을 바로 맞닥뜨리는 '파트장'이라 불리는 일선 관리자다. 우리 파트에는 사원급에서 부장급에 이르는 20명 안쪽의 다양한 직급의 사람들이 존재한다. 매달 부서원들을 만나는 작은 면담실 안에는 인생의 다양한 희로애락이 펼쳐진다.

10년 전의 나에게

한번은 몇 년에 걸친 임신·출산·육아로 인해 부서에서 인정받지 못하고 저성과자로 낙인찍히는 것 같다며 속상해하는 부서원과 이야기를 나누다가 둘이 같이 펑펑 울어버린 적이 있다.

"다른 사람들은 모두 편하게 회사를 다니고 있는 것 같은데 저만 아등바등 사는 거 같고, 저도 나름대로 애를 쓰고 있는데 아무리 노력해도 좀처럼 나아지지 않아요."

부서원의 이야기를 듣고 있는데 〈이상한 나라의 앨리스〉에 나오는 붉은 여왕의 이야기가 떠올랐다. 모두가 목적지를 향해 달려갈 때 그들보다 조금이라도 앞서기 위해선 두 배의 속도로 뛰어야 한다. 그런데 같은 레이스 위에서 남들은 본인의 몸 하나만으로 전력을 다해 달려가는데 나는 두 아이를 업고 메고 헐떡거리면서 달려가고 있는 것이다.

그리고 나의 10여 년 전의 모습도 같이 겹쳐졌다. 다른 동기들은 전문가라고 인정을 받는데 결혼과 출산이 빨랐던 나는 파트에서 유일한 워킹맘이었다. 두 아이를 낳고 업무가 계속 바뀌고 부모님의 도움 없이 아이를 키우며 허우적거리던 때가 내게도 있었다. 하지만 현실은 집에서도 50점, 회사에서도 50점밖에 안 되는 낙제생이 된 듯한 느낌을 받던 시절들이있다. 그 부서원과 대화를 하다 보니 아무리 최선을 다해 뛰어도 점점 뒤처지는 듯한 상황이었던 십수 년 전의 내가 바로 눈앞에 앉아 있었다.

그래도 어쨌든 육아의 시간은 지나가기 마련이다. 시간이 지나면 아이는 커가고, 그러면서 점점 내 삶도 편안해지더라는 내 경험을 나눠주었다.

무겁게 나를 누르는 육아의 짐을 내려놓고 내 몸뚱이 하나로 달리게 되는 그런 날이 올 때까지 조바심은 버려두고 때를 기다리자고 이야기하면서 내 힘들었던 날들이, 별거 아닌 거 같은 나의 경험이 누군가에게 위로가 될 수 있는 자산이 되었구나 하는 생각을 처음으로 하게 되었다.

#20년 전의 나에게

한번은 이제 막 입사한 신입사원이 눈을 반짝이며 내게 이런 질문을 해왔다.

"근데 파트장님은 회사에서 꿈이 뭐예요? "

그 질문에 순간 머리가 '떵' 해졌다. 신입사원 때는 무엇보다 일을 잘 배워서 내 능력을 빨리 보여 주고 싶고, 인정받고 싶었다. 한참 성장할 때는 회사 내에서 내 인지도를 넓히고 영향력을 펼쳐서 리더도 되고, 언젠가는 임원도 되고 싶은 꿈이 있었다. 그런데 20여 년이 훌쩍 지난 지금 나는 무언가를 목표로 달려가는 건 아니었다. 내 꿈이 무엇인가 혼란스러운 와중에 정말 어디서도 꺼내지 못했던 솔직한 마음이 튀어나왔다.

"제가 올해 입사 20주년이고 올해로 파트장만 8년 차거든요. 회사에서의 성공은 개인의 의지나 노력 이외에 여러 가지 상황이 잘 맞아떨어져야 되는 거구나 느끼고 있어요. 그래서 저는 직급이나 직위를 목표로 하지 않아요. 오히려 앞으로 몇 년 후에는 평사원으로 돌아가야 되는 상황이 오더라도 내가 어느 자리에 어느 모습으로 있든 간에 회사에 도움이 되는 존재가 되고 싶어요. 그래서 언젠가 회사에 출근하는 마지막 날, 마지막 순간까지 자신이 쓸모 있고 주변에 긍정적이고 좋은 영향력을 행사하는 가치 있는 사람이 되고 싶은 게 제 꿈이에요."

눈을 반짝이며 물어보던 신입사원 친구가 이런 나의 대답에 알쏭달쏭한 표정을 지었다. 그 역시 괜찮다. 시간이 지나 나의 대답이 무엇을 의미하는지 그 친구도 알게 되는 날까지 그 친구 옆에서 응원을 해주며 본받을 만한 좋은 선배가 되어 직접 보여 주면 될 테니까. 회사를 다니는 마지막 순간까지 가치 있는 사람이 되려면 매일 매일 내 묘지의 문구를 쓰고 있다는 생각으로 오늘을 잘 살아내고 싶다.

부서원들에게는 마치 인생 좀 살아 본 사람처럼 이야기하는 나지만, 그러한 나도 신입사원처럼 눈을 반짝이며 물어볼 수 있는 누군가가 필요한 사람이다. 나도 때때로 주변의 선배 여성 리더분들에게 궁금한 질문을 털어놓았다.

"회사에서 '일을 정말 '잘'한다는 것' 외에 그간 여성 리더로서 특별히 신경 써 오셨던 부분이 있었다면 어떤 걸까요?"

이에 어디서 쉽게 듣기 어려운 말씀을 들려 주셨다. 본인이 그간 보아왔던 실력은 있지만, 더 올라가지 못했던 안타까운 사례와 주변에 잘된 케이스들을 보면 회사 생활의 핵심은 곧 '관계와 평판'이라는 이야기였다.

많은 여성 리더가 주변과 아래는 잘 살펴보는 책임감이 있지만, 상사에게 스스럼없이 먼저 편하게 다가가지 못하더라는 이야기에 나 자신을 돌아보았다. 그리고 본인은 상사든, 협업 부서든, 부서원이든, 부탁하기 편안한 사람이 되는 부분에 가장 신경을 쓰셨다는 말씀을 해 주셨다. 그런 통찰력 있는 조언을 좀 더 일찍 들을 수 있었더라면 시행착오를 조금 줄이고 조금은 어렵지 않게 회사를 다닐 수 있지 않았을까 하는 생각이 들었다. 그리고 나도 내 후배들이 삽질하는 일이 없도록 삶의 지혜를 나눠주는 그런 선배가 되고 싶다는 생각도 했다.

❝

오늘의 나는

직장인으로서 20세, 엄마로서 18세의 삶을 살고 있다.

회사 공채 합격 소식에 감격하던 마음이 퇴색되어

회사에 이런저런 불만도 얘기해 보고,

아무것도 바랄 것 없이 건강하기만 바라던 마음도 퇴색되어

이것저것 아이들에게 요구하는 엄마가 되어 버렸지만,

나에게 아침에 무사히 눈을 뜨고 갈 수 있는 터전이 있고,

회사 후배들이 내 아이 같아지고,

내 아이가 동료 같고 친구 같아지는 기적이 매일 아침 일어난다.

오늘의 나는

계속 자라는 중이다.

나도 모르는
새로운 나

⏻

**입사한 지 3년 차, 태어나서 처음으로 '독하다'는 말을 들었다.
내가 변한 것일까, 회사에서의 나는
밖에서와 다른 나로 변신하는 것일까.
회사 생활을 하며 내 안에 다채로운 면이 있다는 것을 발견한다.**

고등학교 때까지 늘 장래 희망을 '선생님'으로 적어냈던 나는, 대학 입학 원서를 쓰면서 교육 관련 전공이 아닌, 일반 전공을 써 보기로 마음을 바꾸었다. 갑자기 내가 다른 직업을 갖고 싶어질 수도 있으니 일단 좋아하는 과학 관련 전공으로 진학을 한 뒤 선생님이 되고 싶으면 교직 이수를 하면 된다고 생각했다. 하지만 대학에 진학해 화학을 전공하면서 실험 수업에 흥미를 느꼈고, 다양한 진로가 있다는 것을 알게 되면서 나의 졸업 후 미래는 연구개발 관련 직종으로 바뀌었다.

사실 나는 대학교를 졸업할 때까지 뭔가를 열정을 다한 경험이 없었다. 별다른 취미가 있었던 것도 아니고, 다른 또래들처럼 연예인을 좋아하지도, 드라마를 열심히 보지도 않았다. 그저 학교를 오가며 반복적인 일상을 살았다. 그렇게 남들과 비슷하게 회사에 입사하게 되었고, 이후에도 반복적인 일상이 이어질 거라고 생각했다. 하지만 회사는 달랐다. 모든 일이 매우 긴박하게 돌아가는 느낌이었다. 대부분의 일에는 납기가 정해져 있었고, 특히 개발 업무에서의 납기는 고객과의 약속이기 때문에 반드시 지켜야 했다. 혹시라도 중간에 일정이 늦어지면 나 혼자만의 문제가 아니라 동료, 선후배, 나아가서는 회사의 문제가 될 수 있기 때문에 사소한 것 하나하나를 매우 신중하게 계획하고, 일정에 맞추어 진행해야 했다. 그런데 진짜 신기하게 이런 촉박한 상황에서 계획을 세우고 그에 맞춰 움직이는 것이 매우 적성에 맞았다.

계획한 대로 진행이 되면 그 자체로 뿌듯했고, 예상하지 못했던 변수가 생기면 이를 헤쳐가는 과정도 매우 짜릿했다. 수동적이고 소극적인 줄만 알았던 나는 새로운 아이디어를 내는 재미도 알게 되었다.

평소에는 낯가림이 심하면서도 업무에서 궁금한 걸 알아내기 위해서는 모르는 사람에게도 주저 없이 찾아가고 말도 잘 걸었다. 결혼을 하고 아이가 생기면 당연히 회사를 그만두려던 마음은 온데간데없이 사라지고, 결혼식 전날까지도 근무를 하고, 아이를 가진 뒤 출산 일주일 전까지 사무실에 남아 있는 나를 보고 누군가는 '독하다'고 했다. 살면서 처음으로 '독하다'는 소리를 들어봤다. 오히려 나는 끈기가 없다고 생각해왔고, 뭐 하나를 진득하게 하지 못하는 것이 콤플렉스라고 생각한 적도 있었다.

학교 다닐 때는 지각, 결석은 하지도 않고 숙제는 무조건 하는, 소위 말하는 재미없는 모범생이었다. 그렇지만 목표의식이 없고 흥미가 없다 보니 항상 뭔가 애매한 수준에서 멈추어 있는 듯한 느낌이었다. 그런 내가 '독하다'는 소리를 다 듣다니. '독하다'는 말이 긍정적이라기보다는 부정적인 느낌이라 듣기 불편한 점도 있었지만, 한 번도 나와 어울리는 단어라고 생각해 본 적이 없어서 더 당황스러웠다.

하지만 어느 순간부터 나는 나에게 그런 면이 있다는 것을 받아들이기 시작했다. 선배님들과 함께 생산 라인에서 평가하고 고민하고 새로운 아이디어를 내고 그 결과가 반영되는 것에 무한한 희열을 느낀 것이 사실이었고, 회사가 멀어 늦어도 막차는 반드시 타야 한다는 이유로 밤을 샐 수 없는 상황이 아쉬울 정도였다. 결혼한 뒤 신혼집을 회사 바로 앞으로 구해 나도 드디어 퇴근 시간에 구애받지 않고 일할 수 있다는 점이 가장 즐거웠으니 '독해 보인다'는 말은 그야말로 딱 나를 두고 한 말이나 다름없었다.

일하면서 발견한 나의 또 다른 특징은 '집요함'이었다. 어느 날 생산 라인에서 후배와 함께 평가를 하던 나는 평소와 비슷한 듯 하면서도 약간 다른 것 같은 불량 현상을 발견하게 되었다. 업무 변경이 얼마 되지 않아 해당 업무에 경험이 짧았던 나는 부서의 다른 선후배들과 타 부서 사람들에게 이 현상을 보여 주었는데, 한결같이 기존 것과 비슷한 유형이라고 했다. 불량 현상은 공정 중 발생할 수 있는 이물질이었는데 내가 보기에는 기존 유형과 는 색깔이 조금 달라 보였다. 색깔이 조금 다르다 해도 불량검사 기에서는 동일하게 검출이 되었기 때문에 전혀 문제가 되는 상 황은 아니었다. 하지만 두 가지가 같은 건지 다른 건지에 대한 궁 금증이 해소가 되지 않았던 나는 소재 업체의 제조 과정부터 우 리 생산 라인에서의 모든 공정 과정을 파악해 보았고, 신규 소재 의 미세한 차이점에서 기인한 것이라는 점을 알게 되었다. 결과 적으로 불량의 원인이 다른 것이 확인되었고, 소재 업체에서는 개선을 위해 다른 조치를 취해야 했다.

나의 집요함에 나 역시 놀라게 되었다. 평소에는 주위 사람이 나 주변 환경의 변화에 둔감한 편이었는데 이런 경험을 하게 되 면서 내가 이런 관찰력을 가지고 있다는 것도 알게 되었고, 얼마 나 관심을 갖느냐에 따라 관찰력도 달라질 수 있다는 것도 깨달 았다.

업무 경력이 쌓여가면서 회의에 참석하거나 고객과의 미팅 빈도도 점점 늘어갔는데, 그러면서 나도 몰랐던 나의 강점을 또 하나 발견하게 되었다. 바로 내가 대화와 회의에서 숨은 의도를 파악하는 데 매우 능하다는 것이었다. 나는 사람들이 많은 자리에서 말을 많이 하는 편은 아니다. 주로 사람들의 대화를 듣고 표정을 잘 살피는데, 그러다 보니 사람들이 하는 말 뒤에 숨어있는 의도를 파악하는 사례가 종종 있다. 어떤 표현이든 여러 사람의 원하는 바를 잘 파악하다 보니 회의 참여 기회와 고객과의 자리가 더 많아졌고, 결과적으로는 내가 가진 정보의 양도 늘게 되니 이 또한 나의 경쟁력이 되었다. 하지만 이러한 면은 매우 주관적이기에 나는 소통 능력을 나의 강점으로 가져가기 위해 더 많은 교육을 듣고 개인적인 공부를 지속하고 있다.

물론 좋은 점만 발견하는 것은 아니다. 점점 많은 사람과 관계가 형성되면서 불편함을 느끼는 상황도 늘었다. 큰 소리가 나는 상황을 힘들어하기도 하고, 갈등이 첨예한 회의에서는 매우 초조함을 느끼기도 했다. 이런 상황을 되도록 겪지 않는 것이 좋겠지만, 문제는 그때의 불편함이 표정으로 드러난다는 것을 어느 순간 알게 된 것이다. 하지만 이런 것조차 나에게는 도움이 되기도 한다. 가능하면 큰 소리가 날 때 자리를 피하기도 하고, 조금 가까운 사람들에게는 미리 양해를 구하기도 한다. 갈등이 있을 것으로 예상되는 회의에 참여할 때는 미리 마음의 준비를 하고 참석하면 조금은 수월해진다.

　출산과 동시에 회사를 그만두겠다고 선언했던 나는 현재 20년째 회사 생활을 이어가고 있다.

나는 매년 새로운 나를 발견한다.

다양한 계기로 새로운 시도를 하게 되고, 그때마다 시행착오를 반복하지만,

그 모든 것이 나에게는 새로운 즐거움이고 도전이다.

그럴 때마다 아직도 발견하지 못한 내가 있다는 호기심에 다시 도전한다.

새로운 나를 찾아 만나는 재미가 나를 아직 회사에 머무르게 한다.

수동태에서
능동태로

⏻

**살아왔던 대로 살든지, 바꾸든지 둘 중 하나의 선택이라면
지금 바꾸기로 결심한다.
한 번도 링 위에 올라보지 못하고 떠나면
미련이 남을 것을 나는 알고 있다.**

오늘도 출근한다. 초등학교 시절 개근상 받은 저력을 회사에서도 뽐내겠다는 듯 어김없이.

어떻게 오랜 기간 회사를 다닐 수 있는지 묻는다면 '다녀야 하니까 다녔다' 말고는 딱히 떠오르지 않는다. 그렇다면 지난 20년을 억지로 다녔나, 하고 돌아보면 꼭 그렇지는 않다. 의무를 권리로 바꿔가며, 시킨 일이지만 원해서 하는 것처럼 치환하며 보낸 시간이 많았다. 다녀야 하는 이유도 회사 경력과 발맞춰 변화했다.

입사 초기 일의 의미는 '인정받기'였다. 셋째딸로 태어났다. 할머니는 남동생을 예뻐했고, 큰언니는 공부를 잘했기에 아빠에게 사랑을 받았다. 엄마는 모두에게 공평했지만 나는 그 이상을 원했다. 어떻게든 언니처럼 공부를 잘해서 더 사랑을 받고 싶었다. 하지만 실력이 모자라 언니만큼 하지는 못했다. 부모님의 기대를 업고 큰 도시의 고등학교로 유학을 갔으나, 일류대학이 아닌 '인서울 4년제'에 입학하는 것으로 마무리되었다.

대학 내내 취업이라도 잘해야 할 텐데, 하는 우려 속에서 지냈지만, 다행히 취업운이 좋아 대기업에 입사할 수 있었다. 당시 부모님이 가장 기뻐하셨다. 기대에 못 미치는 대학에 들어갔던 미안함이 조금은 해소되었지만, 회사에서 인정받아야 부모님이 더 기뻐하실 듯했다.

신입 연수 첫날, 강당에 모인 많은 사람 중 내가 꼴찌는 아닐까 걱정이 되었다. 열댓 명쯤 있는 팀에서라도 반드시 인정을 받고 싶었다. 단지 운이 좋아 입사한 게 아니라 실력도 좋다는 평가를 받고 싶었던 것이다. 입사 동기들과 친해졌고, 그들에게도 잘해 나가고 있음을 알리고 싶었다. 상사, 동기, 부모님께 인정받길 바라며, 끊임없이 타인과 나를 비교하며 지냈다.

결혼 즈음 일의 의미는 '돈'이었다. 아파트 한 채라도 마련해야겠다는 생각이 드니 당연히 많은 돈이 필요했다. 매달 모아서 사려면 십 년은 더 걸리겠고, 대출받으려니 매달 지불할 이자도 만만치 않다. 지금 회사를 그만두면 아파트는 꿈도 못 꾼다. 주변에 누구는 몇 년 전에 샀던 아파트가 배로 올랐다는 소식도 들려왔다. 마음이 조급했다. 집 한 채 없이 지낼 순 없었다. 내 집 마련의 꿈을 꾸며 매달 적금을 들었다. 명품 가방에 혹하다가도 '집을 마련해야지' 하며 마음을 고쳐먹었다. 결혼 준비를 하며 많은 것이 돈과 연결된다는 사실을 깨달았다. 돈만 있으면 다 해결되는 것처럼 보이기도 했다. 이대로 결혼해서 아이를 낳는다고 생각하니 더욱 막막해졌다. 아이 한 명당 얼마가 들어간다는 말은 듣고 싶지 않아도 들려왔다.

그 당시 내게는 오로지, 이런 생각뿐이었다.

'돈이 중요하구나! 돈이 필요하구나!'

때론 쉬고 싶고, 회사를 관두고 다른 것을 해 볼까, 하는 생각도 들었지만, 월급의 달콤함에 빠져 계속 다녀야만 했다. 이미 몇 년째 매달 정확한 날짜에 입금되는 봉급생활에 익숙해진 것이다. 이 기특한 시스템이 없어진다고 생각하니 무섭기만 했다. 정글을 무딘 창 하나 없이 맨몸으로 떠나는 기분이었다. '월급'이란 족쇄에 발이 묶였지만 그럴 수 있음에 안도했다.

회사 밖으로 눈을 돌려 외부인을 만나보니 더 치열하게 사는 것이 보였다. 돈은 더 많이 벌 수 있을지 모르지만, 강도 높은 스트레스를 견딜 수 있을까 겁도 났다. 그러다 보니 다시 회사로 출근하는 발걸음이 가볍고 감사해졌다.

마흔 즈음이 되니 '도대체 나는 왜 일을 하나? 어떻게 살아야 하나?' 하는 생각이 든다. '백세시대'라곤 하지만 일할 수 있는 시간은 길어야 20년쯤 될까? 이곳에서 버티고 버텨 10년쯤 더 하고 나면 어디서 무얼 할 수 있을까 걱정되었다.

어쩌다 입사해 '내가 원했던 일은 아니지만', '내가 잘하는 일은 아니지만' 하는 마음으로 오랜 기간 일을 해왔다. 책임감으로 맡은 일이니 해냈지만, 적당한 선에서 마무리하기도 했다. 그러면서 열정적인 삶을 부러워하고 있다. '인생에 한 번은 뜨거워야 하지 않겠냐'는 의문이 내 안에서 계속 일어난다.

늦을수록 경쟁력이 떨어진다는 생각에 퇴사 플랜을 짜보기도 했다. 그러다 3가지를 깨달았다. 첫째, 이러든 저러든 회사에서 보낸 시간은 나의 경력이라는 것. 둘째, 내가 원했던, 꼭 이루고 싶었던 직업이나 직종이 없었다는 것. 마지막으로 내가 가진 장점이 특정 직업을 통해서만 발휘되는 것은 아니란 것이다. 여기는 내가 원했던 곳이 아니라서 제대로 된 실력을 발휘하지 못하는 것이란 핑계를 대고 있음을 깨달았다.

왜 여기는 내 일터가 아니라고 생각했을까? 왜 여기서는 소명을 이루지 못한다고 생각했지? 온전히 내 능력을 활용해야 한다면 지금도 충분히 할 수 있겠다고 생각되었다. 아니 여기서 못하면 어디서도 할 수 없다는 결론이 내려졌다.

수동태로 살아왔던 인생을 능동태로 바꾸는 중이다. 시켜서 하던 일의 의미와 결과를 내 기준으로 다시 해석한다. 틀릴까 봐, 그러면 '실력 없음'으로 간주되고 인정받지 못할까 봐 숨기는 일이 많았다. 위에서 하라는 대로, 다른 사람이 옳다고 하는 것을 신경 쓰며 지냈다. 지금도 여전히 그런 마음이 있지만 나만의 목소리를 내보려는 중이다.

실수를 수용하고, 질책당하는 것을 감내해 보려 한다. 살아왔던 대로 살든지, 바꾸든지 둘 중 하나의 선택이라면 지금 바꾸기로 결심한다. 경기장 밖에서 야유하는 사람보단, 패자가 더 멋진 사람이란 것에 공감한다. 어쩌면 아직 제대로 두들겨 맞지 않아서 용기가 남아 있는지도 모르겠다. 두려운 마음이 있지만 그럼에도 경기장에 서 보려 한다.

생각이 행동까지 옮겨갈 수 있도록, 오늘도 루즈벨트의 연설을 읽으며 출근한다.

66

비평하는 사람은 중요하지 않습니다. 어떤 선수에게 실수를 지적하거나

이렇게 저렇게 했어야 했다고 훈수나 두는 사람은 중요하지 않습니다.

진짜 중요한 사람은 경기장에 서 있는 투사입니다.

얼굴에 흙먼지와 땀과 피를 잔뜩 묻힌 채 용감하게 싸우는 투사 말입니다.

물론 그는 경기 중에 실책을 저지르기도 하고, 거듭 한계에 부딪히기도 합니다.

하지만 경기장의 투사는 자신의 힘으로 끝까지 경기를 치릅니다.

그는 위대한 열정이 무엇인지, 위대한 헌신이 무엇인지 압니다.

그는 가치 있는 목표를 향해 온몸을 던집니다.

경기 결과는 승리일 수도, 패배일 수도 있습니다.

승리한다면 커다란 성취감을 얻겠지요. 그러나 설혹 실패한다 해도,

그는 매우 대담하게 용감한 실패를 해낸 겁니다.

요즘 시대의 성장통,
요즘 시대의 성장판

⏻

서로가 서로의 다름을
특별함으로 받아들이는 열린 성장,
그런 성장이라면
성장통도 즐겁게 이겨낼 것이다.

'성장'이라는 단어의 사전적 의미는 '미숙한 존재에서 성숙한 존재로의 변화'이다. 미숙한 존재에서 성숙한 존재로 변화한다는 것은 무엇일까? 여기에도 과정이 있을까? 순서가 있을까? 만약 있다면 어떻게 순차적으로 단계를 밟아가야 하는 걸까? 각 단계의 모습은 비슷할까? 제각각일까? 그 단계는 어떻게 구성되어 있을까?

혼자서 질문을 쏟아내는 가운데 문득 학창시절에 배웠던 '매슬로우 욕구 5단계'가 떠오른다. 1단계 생존의 욕구, 2단계 안전의 욕구, 3단계 사회적 소속의 욕구, 4단계 존경의 욕구, 5단계

자아실현의 욕구. 이중 마지막 5단계에 자꾸 눈이 가게 된다.

자아실현의 욕구는 언제부터 시작되는 걸까? 어떤 계기로 발현될까? 스스로 느낄 수는 있는 걸까? 욕구 충족은 무엇으로 인지할 수 있을까? 심리학을 전공으로 공부하지 않아 위의 질문에 정답을 제시할 수는 없지만, 기억 속의 내 경험을 바탕으로 나름의 성장단계를 정의해 보고, 요즘 시대의 성장을 이야기해 보고자 한다.

기억 속에 있는 나의 경험에 기반한 성장단계도 5단계로 나눌 수 있다. 1단계 유아기, '내가 할게'이다. 이 기억은 온전한 나의 기억이라기보다는 육아를 할 때의 시간을 투영해 본다. 엄마의 절대적인 보호 아래에 있지만, 무한한 호기심을 바탕으로 뭐든 스스로 하려는 강한 의지를 내비치는 단계이다. 그러나 결국은 엄마가 마무리를 해야 한다. 그저 혼자 성장하고 싶은 마음만 있을 뿐, 다른 모든 부분이 부족한 단계이다.

2단계는 온전한 나의 기억을 통하여 바라볼 수 있는 나의 유년 시절이다. 이때는 호기심보다는 그저 부모의 칭찬을 먹고 사는 때로 기억된다. 부모가 원하는 나의 모습, 부모가 기뻐할 수 있는 나의 모습이 되기 위해 고군분투했던 내가 떠오른다. 사회화의 시작이기에 나의 생각이나 의지로 성장하기보다는 보호자의 뜻에 맞추어 성장하는 나를 볼 수 있다.

그리고 이어지는 3단계는 '나'라는 한 사람의 경험으로 이야기할 수 없는 우리 모두의 질풍노도 시기, '예'라고 답하기보다는 뭐든 '아니오'가 먼저인 그 시절, 무엇이 그리 불만족스러웠을까? 이 시기에 우리는 어떤 성장을 하게 되는 걸까? 성장을 하기는 하는 걸까? 오히려 이 시기의 성장은 잘 커나가고 있다는 기쁨보다는 아픔이 더 크게 느껴지는 성장통의 시기가 아닐까? 성장통은 어떤 것일까? 왜 아파야만 하는 걸까?

　나는 이 시기를 '두려움'으로 정의하고 싶다. 성장의 두려움. 폭풍처럼 불어오는 성장 가속을 짧은 시간에 받아들이는 게 두려운 것이다. 그래서 그 두려움을 이겨내려고, 아니 피하거나 돌아가 보려는 몸부림 그 자체가 성장통일 것이다. 이렇게 우리의 3단계 성장기는 '아프다'로 마무리가 된다.

　이제 4단계와 5단계 성장이 남았다. 1~3단계와 4~5단계는 '시간과 공간' 측면에서 확연하게 다르다. 1~3단계에서 각 단계는 분리된 시간과 공간이 원칙이다. 즉, 유치원, 초등학교, 중·고등학교로 완전히 분리하여 각 단계는 동시에 머물래야 머물 수가 없다. 그러나 4단계 사회초년생과 5단계 중장년층은 직장이라는 공간 안에서 동일한 시간을 함께 공유한다. 시간과 공간을 함께 공유하는 이 두 단계는 어떻게 성장할 수 있을까? 과연 이 두 단계에 성장은 존재하는 것일까? 이 두 단계가 함께 성장할 수 있게 하는 매개체는 무엇일까?

마지막 물음에 대한 답은 '질문'이다. 전통적으로 질문은 누가 하는가?

아마도 직장 내에서는 대부분 후배가 선배에게 질문을 하게 된다. 그러나 질문은 일방통행이 되지 않는다. 질문만 하고 끝나지 않는 것이다. 질문과 답이 서로 꼬리에 꼬리를 물면서 다음 질문이 이어지고 또 답을 하는 과정은 상호 보완적이다. 그렇게 서로 질문을 주고받는 이 순간이 바로 '성장의 순간'이다.

즉, 선배에게 질문을 하는 후배도, 또 그 후배의 질문에 답을 하는 선배도 함께 성장하는 묘한 기적이 일어나는 순간이다. 후배는 질문에 대한 선배의 답을 통해 성장하게 되고, 선배는 후배의 질문에 답을 하기 위해 성장하는 경험을 하게 된다.

그런데 직장 내에서 성장은 업무에만 국한되어 있을까? 아니다. 나는 오늘 또 다른 성장 이야기를 알리려 한다. 바로 '도처에 사부' 이야기다.

늦은 시간 학원을 마치고 집으로 돌아온 딸이 나에게 말한다.

"엄마는 왜 매일 TV만 봐요?"

억울하다. 난 TV 내용이 기억이 나지 않는다. TV를 그저 틀어만 놓았던 것이었다. 일명 나는 멍을 때리고 있었다. 그러나 딸에게 비치는 엄마의 모습은 그저 퇴근 후 TV만 보는 엄마일 뿐이다. 그래서 이 이야기를 가볍게 회사에서 해 봤다. 그 말을 들은 후배가 나에게 뜨개질을 권한다. 그 후배는 뜨개질로 못 만드는 게 없는 뜨개질의 대모였다. 그렇게 후배에게 나는 뜨개질을 배우기 시작했다. 퇴근 후 나는 여전히 나를 비우는 멍 때리는 시간이 필요한데, 이때 나에게 도움을 주는 건 TV 소음이 아니라, 내 두 손을 오가는 바늘과 실이었다. 신기한 건 나는 여전히 나를 비웠는데 멋진 결과물, 아니 작품이 내 앞에 놓여 있다는 것이다. 그렇게 나는 뜨개질로 딸아이 모자며, 스웨터, 카디건을 만들어 줬다. 엄마가 직접 뜨개질한 작품을 받은 딸아이의 행복한 모습은 나에게 큰 선물이었다.

지금도 나는 그 후배를 '사부님'이라고 부른다. 나를 뜨개질 세계로 입문시켜 준 멋진 사부다. 이게 바로 도처에 깔려있는 요즘 시대의 성장판이 아닐까?

요즘 '포용'이라는 말이 여기저기서 참 많이 들려온다. 시대의 화두이기도 하다. 성장을 이야기하다가 뜬금없이 웬 포용인가, 하고 반문할 수도 있다. 이렇게 후배들과 함께 성장판을 만들어 가는 이 순간은 포용일까? 성장일까? 나는 감히 포용과 성장을 연결해 보려 한다. 포용이라는 말을 좀 더 넓게 해석해 보면, '받아들이기'이다. 그저 다름을 받아들이는 게 아니라, 그들만의 특별함을 받아들이는 것이다. 그렇게 선배와 후배가 서로의 특별함을 받아들이는 곳에는 성장이 보인다. '열린 성장'이다.

'열린 성장'은 조직이라는 공간에서

저마다의 방식과 생각으로 스토리를 쌓으며

미래의 더 나은 공간을 꿈꾸고 실현하는 우리들의 성장 이야기를 만들어간다.

그곳이 바로 내가 몸담고 있는 이곳이다.

나는 아직도 무럭무럭
자라고 있다구요

⏻

나는 누구일까? 나는 어디쯤 있는 걸까?
내가 꿈꾸던 길 위에 있긴 한가?
가고 싶은 곳은 있는 걸까?
어제와 같은 오늘, 오늘과 다르지 않을 내일을
살고 있는 것은 아닐까?

주말 아침의 시계는 늦다. 여느 때면 벌써 깨어있을 주변이 아직도 한밤중인 양 고요하다. 그 고요함을 깨울까 싶어 주섬주섬 챙겨서 조용히 거실로 나가려 하니 "줌 수업 있어? 내가 나갈게. 방에서 편히 해." 하고 남편이 잠이 묻어나는 눈으로 말을 한다. 온라인 수업이지만 노트북 화면 밖으로 뿜어져 나오는 열정에 나도 모르게 빠져들게 된다.

몇 해 전 그날도 여느 때와 다르지 않게 도저히 끝날 것 같지 않던 업무를 겨우 마무리하고 금요일 퇴근 버스에 힘겹게 몸을 실었다. '그래도 오늘은 별이 보이기 전에 퇴근해서 다행이야.'라며 스스로에게 작은 위로를 건넸다. 그 순간 어스름한 어둠이 내리는 창 속에 흔들리는 나를 보았다.

회사에서의 나는 수석 엔지니어, 집에서의 나는 남편의 아내, 아이들의 엄마, 가끔 안부 전화 드리는 부모님께는 한결같은 딸이었다. 그냥 누군가의 무엇이라는 존재였다. 온전한 나는 어디에도 없었다.

그럼 나는 누구일까? 나는 어디쯤 있는 걸까? 내가 꿈꾸던 길 위에 있긴 한가? 가고 싶은 곳은 있는 걸까? 어제와 같은 오늘, 오늘과 다르지 않을 내일을 살고 있는 것은 아닐까?

내 안 깊은 곳에 꽁꽁 묵혀 있던 수많은 생각들이 한꺼번에 쏟아졌다. 답을 얻지 못한 머릿속이 뒤죽박죽이 된 채로 잠이 들었다. 토요일 아침의 헝클어진 머리만큼이나 복잡한 마음으로 멍하니 TV를 틀었다. 마침, 어느 일반인이 출연해 신나게 자신의 인생 이야기를 하고 있었다. 그 연사는 나와는 비교도 안 될 만큼 엄청나게 다양하고 많은 일과 취미 생활을 하며 꿈을 만들어가는 중이었다. 그야말로 꾸역꾸역 하루를 견뎌내던 나에게는 충격이었다. '어떻게 저렇게 바쁜데도 지치지 않고 할 수 있지?' 지치기는커녕 꿈을 꾸는 사람들의 행복한 표정 바로 '그것'이었다.

그 순간 멍하던 머릿속이 확 깨었다. 무엇이 그 사람을 이끌었을까? 그것은 바로 '삶의 주체가 되고, 목표를 갖는 것'이었다. 나는 그동안 나를 버려둔 채 엄마, 아내, 딸, 동료, 친구라는 수식어를 위해 수동적으로, 소극적으로 살고 있었다. 어느 칼럼에서 워킹맘들에게 자신과 배우자, 아이에게 쏟는 마음의 비율을 표현해 보라고 했을 때, 자신이 5, 배우자가 3, 아이가 2가 되어야 하나, 그 반대인 경우가 대부분이라고 했다.

그런 생각들이 나를 다시 깨웠다. '아이들이나 가족이 아닌 오롯이 나를 위해, 내가 하고 싶은 것을 찾아 해 보자. 목표를 가져 보자.' 이런 생각만으로도 벅차고 가슴이 뛰었다.

항상 무언가를 시작하려 할 때 그것을 해냈을 때의 성공의 기쁨을 상상하기에 앞서 망설임이 우선이었다. '내가 과연 이걸 해도 될까? 시간에 쫓기다가 중간에 그만두지 않을까?' 하는 생각에 선뜻 발을 내밀지 못했었다. 그러나, 이젠 더 이상 그런 망설임으로 나를 위한 행동을 접지 말자는 다짐이 새겨졌다. 내가 중간에 그만두는 것은 오로지 나에게 맞지 않고, 나에게 더 가치 있는 것을 추구하려 할 때이고, '더 이상 주변의 상황 때문에 포기하지는 말자'라는 생각과 함께.

'살까 말까 할 때는 사지 않는 게 맞고, 할까 말까 할 때는 하는 게 맞다고 했으니 망설이던 것부터 해야지.' 하고 목표를 갖고,

계획을 세우고 도전을 시작하게 되었다.

그렇게 하나씩 세워나가게 된 것이 퍼실리테이터, 코칭, 골프, 필라테스, 수영 등이다. 거창한 것은 아니지만 무언가 조금씩 배우게 되었다.

모든 것을 처음부터 능숙하게 잘할 수는 없었다. 하지만 내가 하고자 마음만 먹으면 나를 그곳으로 이끌어주는 멋진 동료들은 만날 수 있었다. 그렇게 내가 하고 싶은 것들, 나의 조그만 꿈들을 하나씩 채워 나가니 내 삶도 남부럽지 않게 풍족해졌다.

어느 강연에서 연사는 탈무드의 '0에서 1까지의 거리가 1에서 100까지의 거리보다 길다.'라는 말을 전해주었다. '1이란 숫자는 100에 비할 수 없이 작지만, 0에서 1까지 가기가 어려운 것이구나'라는 생각이 들었다.

일단 하면 쉽지만 아무것도 시작하지 않은 상태에서 새삼 마음먹고 용기 내어 시작하는 것이 가장 어려운 일이니, 시작만으로도 충분히 응원받을 만한 것이다.

회식이 잦은 연말, 지글지글 먹음직스러운 고기 굽는 소리와 '깡' 하고 경쾌하게 잔 부딪치는 소리를 뚫고, "부장님은 내년에 무얼 하고 싶으세요?"라는 질문이 툭 던져진다. 이는 연말 시즌 단골 멘트다. 우리의 대화는 이렇게 이어졌다.

"음, 내년에는 코칭을 배워보려고 해. 내가 배워보고 어떤지 말해 줄게."

"무얼 그렇게 자꾸 배우려고 하세요? 편하게 그냥 있어도 되지 않아요? 저 같으면 쉬고 싶을 것 같아요."

"나도 계속 자라고 싶거든."

어느 때보다 경쾌한 웃음소리가 뒤따른다.

하나둘 새로이 습득한 것들은 어느새 나만의 색을 입힌 든든한 도구가 되어 준다, 일터에서나 가정에서나. 무언가 도전하고 낯선 것을 배워 내 안의 꿈을 키우는 것이 행복하다. 언젠가는 지쳐 더 이상 꿈을 꾸지 않고 새로운 것을 도전할 수 없을 때가 돼야 비로소 나도 나이가 들었다고 느끼게 될 것이다. 그때는 대신 도전을 통해 얻은 삶의 지혜가 두텁게 쌓인 멋진 내가 있을 것이다.

"나이가 들어 열정이 사라지는 것이 아니라 열정이 사라져 나이가 드는 것이다."라는 말을 했던 세계 최고령 모델 카르멘 델로피체처럼 말이다.

"

불과 몇 달 전까지만 해도 주말 아침 먼지처럼 의미 없이 흩어지던 시간이

소록소록 쌓인다. 쌓이는 시간만큼 나도 자라고 있지 않을까?

더 건강하게 자라도록 나에게 자양분이 될 것들을 또 찾아봐야겠다.

작지만 소중한
나의 한 조각

⏻

**일을 어느 정도 배우고 스스로 일을 찾아할 수 있게 되면서
자신감이 생기고 내 일에 대한 의미도 점점 더 커지고 있었다.**

"이왕 태어난 인생, 내 이름이라도 기억되도록 어딘가에는 남겨
야지!"

누구에게나 찾아오는, 피할 수 없는 사춘기 시절. 이유도 모르
고 답답하고 짜증이 몰려오고 숨 막혔던 시간들이 나도 있었다.
수없이 다양한 가지로 생각이 뻗어 나가던 중 하나의 가지 끝에
닿았다. 그 가지는 '그래도 이왕 태어났으니 나중에 이 세상이 나
를 기억해 줄 수 있는 이름이라도 남겨야 하지 않을까?'에 멈추
었다. 지금 생각해 보면 아주 기특한 가지 중 하나였는데, 그 생

각이 나도 모르게 뇌리에 작은 조각으로 깊이 박혔나 보다. 스스로 '아, 좀 멋진데?'라고 칭찬하며 마음을 다잡았던 기억이 난다.

여기에는 사춘기 소녀의 허세도 한몫한 것 같다. 이 생각의 조각은 내 삶 중간중간에 불쑥불쑥 튀어나온다. 특히, 내가 하고 있는 일, 하고자 하는 일을 결정하는 데 큰 기준이 되기도 한다.

나는 대학교를 졸업한 뒤, 대학원에 진학했다. 대학 3학년 당시, 전공 교수님의 수업이 너무 재미있었다. 고등학교 때는 수업 시간에 틈만 나면 졸기 일쑤였던 내가 눈을 반짝이며 수업을 듣다니, 수업뿐만 아니라 학생 지도에 있어서도 도움과 응원이 되는 말씀을 많이 해 주셔서 졸업 후 진로 설정에도 큰 도움을 받았다. 나도 이런 교수님이 되고 싶었다.

그러나 교수 진로를 위해 대학원에 입학한 지 얼마 되지 않아서 그 꿈은 흔들리기 시작했다. 연구 논문을 작성하고, 학위 논문을 준비하며 가장 많이 자문하던 말이 '그래서 이게 무슨 의미가 있지?' 였다.

처음 기대했던 바와 다르게 내 안에서 연구의 의미는 점차 희미해지고 있었다. 그러다가도 기업과 산학 과제를 함께 수행하면서 '아, 이 연구가 여기에 이렇게 활용되고 기여할 수 있겠구나.' 하는 생각이 들 때는 설레기도 했다. 이런 상태로 졸업 후 진로를 계속 고민했다. 교수의 꿈을 놓지 않을 것인지, 산업에 뛰어들어 배운 지식의 폭을 넓히고 활용할 것인지 두 가지 선택지였다. 그 고심의 큰 기준은 '내가 이 일을 계속해 나갈 수 있을까? 그래서 이 일이 이 세상에 어떤 의미가 있지?'였다.

사실 마음 깊은 곳에서는 진로에 대한 답이 꽤 오래전에 정해져 있었던 것 같다. 정말 후회하지 않을 선택인지 확인하는 시간이 필요했을 뿐이다.

그렇게 나는 박사 학위를 취득 후 지금의 회사에 입사했다. 입사 초에는 본격적으로 업무를 시작하면 회사에 큰 기여를 할 수 있을 것이라는 자신감에 차 있었다. 그러나 입사 후 얼마 동안은 일에 대한 큰 무력감에 빠졌다. 회사 상황을 잘 모르는 상태에서 호기로운 마음에 '왜 이 문제를 이렇게 풀지 않냐', '이건 이렇게 해야 되는 것 아니냐'며 선배들에게 당돌한 질문과 의견을 제안하기도 했었다. 그때마다 "그러면 좋겠죠. 그런데….''라는 말이 돌아왔다. 생각보다 내가 바꿀 수 있는 부분은 크지 않았다.

현실 문제는 책상 앞에서 풀던 문제와는 정말 차원이 다르고 복잡하며 어려웠고, 그 문제를 해결하는 회사 시스템도 생각했던 것 이상으로 굉장히 방대했다. 이런 현실을 마주한 뒤에는 나라는 존재가 그다지 필요 없을 것 같은데 왜 나를 뽑았는지 의구심마저 들었다.

이 시기에 나는 지구에서의 '나'와 회사에서의 '나'의 존재가 비슷하다는 생각을 자주 했다.

우주에서 지구를 보면, 나는 매우 미미한 존재일 것이다. 내가 지구의, 동아시아 지역의, 대한민국의, 화성시의, 반월동, 바로 이 자리에 모래알처럼 서 있는 것처럼, 우리 회사가 거대한 지구이고, 회사에서 내가 하는 일이 아주 작은 점같이 느껴졌다.

입사 초기에는 이 거대한 기업에서 내가 하는 일이 어떤 의미가 있을까, 하는 의심을 했다. 그럼에도 불구하고 어릴 때부터 책임감을 갖고 닦은 덕분에 일은 열심히 배웠다.

어느 정도 시간이 지나 스스로 할 수 있는 일들이 생겨나면서 나의 업무가 보람 있게 느껴지기 시작했다. 물론 나의 기여보다 실수가 더 잘 보여서 속상할 때도 많았다. 하지만 이것 또한 내가 하는 일의 의미를 확인할 수 있는 반증이다. 내 존재가 비록 나사같이 느껴져도 이 큰 공장을 움직이는 데 있어 그 작은 나사도 결국 큰 톱니바퀴를 돌리는 중요한 부품이 될 수 있지 않은가!

지금 생각해 보면 업무에 대한 그 고민의 시간들은 내가 업무를 배우고 적응하던 시기였던 것 같다. 내가 업무를 어느 정도 배우고 스스로 일을 찾아서 할 수 있게 되면서 무기력함이나 의미 같은 것들에 대한 고민이 점차 사라지고, 자신감이 생길수록 내가 하는 일의 의미도 점점 더 커지고 있었다.

이 흥을 더해 조금 더 얘기해 보면, 내가 하는 일은 이 세상과도 맞닿아 있는 의미 있는 일이었다. 몇 해 전 일본이 내가 담당하던 설비에서 매우 중요하게 사용되는 소재의 수출을 금지했고, 이 일로 반도체 소재 내재화, 국산화가 사회의 큰 이슈가 됐었다. 뉴스에서는 연일 반도체 소재 이야기, 일본 제품 불매 운동 이슈로 시끌시끌했다. 나도 덩달아 이 소재와 관련된 시스템 개발을 해야 했다. 회사 안에서만 의미 있다고 생각했던 나의 업무가 국제 사회 문제와도 연결되어 있다고 생각하니 그 일이 더욱 중요하고 책임감 있게 느껴졌다. 그리고 나중에 내 딸에게 엄마는 회사에서 어떤 업무를 했었고, 이것이 세계 반도체 시장에 기여하는 데 작지만 중요한 역할을 할 수 있었다고 당당하게 말해 주고 싶다. 아직 어려서 이해하지 못할 나이에도 이 말을 해 주고 싶어서 마음속으로 여러 번 준비를 해 놓았다.

비록 어딘가에 누구나 기억할 수 있는 내 이름을 거하게 남기지는 못했지만, 나는 내 일이 이 세상과 연결되어 있다는 것에 만족한다. 이런 나의 이야기를 들으면 혹자는 자기 합리화의 끝판왕이라고 생각할지도 모르겠다. 그러나 나는 회사에서 이런 과정을 거쳐 일의 의미를 찾은 이후로 아침에 침대에서 나오기 싫어 꾸물거렸던 기억이 없다.

66

나에게는 작지만 어딘가 보탤 수 있는 이 한 조각이

회사 업무를 재미있고 보람있게 할 수 있는 큰 원동력임이 분명하다.

나의 마지막 명함을
디자인하다

⏻

새로운 환경과 시스템에 적응해야 하는 것은
2일 차 신입사원이나, 20년 차 시니어나 매한가지다.
그렇다고 모양 빠지게 신입사원과 함께 우왕좌왕할 수는 없는 법,
새로운 변화에 대한 두려움보다는 기대감으로 여유 있는,
일머리 있는 선배의 태도를 보여줘야 한다.

Free Agent: 일정 기간 자신이 속한 팀에서 활동한 뒤 다른 팀과 자유롭게 계약을 맺어 이적할 수 있는 자유계약선수 또는 그 제도.

이 용어는 주로 스포츠뉴스에서 야구 선수들이 팀을 이적할 때 많이 들린다. 우리 회사에서는 최근 몇 년 전부터 이 스포츠계의 제도를 '사내 FA 제도'라는 이름으로 시행하고 있다.

'사내 FA 제도'는 인원 충원이 필요한 부서에서 먼저 부서 소개 및 필요 역량에 관해서 기술하고, 지원자가 본인이 희망하는 부서에 지원하는 것을 말한다. 지원 부서에 따라서 경쟁률도 다

르고, 신입사원 입사 때처럼 서류, 면접의 과정을 거쳐 최종 결정을 하게 된다. 이동을 결정하기 전까지는 원 부서에 비밀이 보장된다.

몇 년 전까지만 해도 나는 내가 속한 분야에서 대가가 되어 내 커리어의 마침표를 찍고 싶었다. 하지만 세상이 빠르게 변하고 있고, 나의 효능감에 대한 의심이 드는 순간, 경험과 지식을 바탕으로 새로운 업무에 도전하고 싶다는 생각을 가끔 하게 되었다.

그러던 어느 날, 친구들과 부산에 조문을 다녀오던 길이었다. 삶이라는 것이 너무 덧없고 짧음을 안타까워하던 차에, 누군가 질문을 던졌다.

"인생이 이렇게 짧은데, 남은 생을 하고 싶은 일을 하며 사는 게
  찐 행복 아닐까? 너희는 진짜 하고 싶은 일이 뭐야?"

친구들은 하나둘씩 대답을 하기 시작했다. 드디어 내 차례였다.

"음…. 나는 말이지, 예전부터 기획 업무를 너무 하고 싶었어.
  뭔가 계획하고 왜 하는지 고민하는 일이 재미있을 것 같아."

대답하고도 참 내가 뜬금없다고 생각했다. 공대를 나와서 지금

까지 엔지니어 업무를 하고 있으면서, 기획 업무를 논하다니….

나의 엉뚱한 답변을 잊은 채, 엔지니어로서 제품 개발을 하며 1년 정도를 더 보냈다. 하지만 마음속에서는 '더 늦기 전에 새로운 것에 도전하라'는 작지만 일관된 목소리가 자꾸 들렸다. 결국, 이 작은 목소리가 나에게 용기를 주었고, 2022년 가을 사내 FA에 지원하도록 부추겼다. 결과는 다행히도 '합격', 나도 의외의 결과에 놀랐다. 주변에서도 적잖이 놀란 모양이었다. 제도는 제도일 뿐 수석 엔지니어가 정말로 업무를 바꿀 수 있을 것이라 누구도 예상하지 못했던 것이다. 그렇게 나는 15년 이상 해오던 '제품 개발 엔지니어'라는 타이틀을 내 명함의 첫 번째 줄에 새긴 채, 두 번째 타이틀로 '기획 업무'를 시작하게 되었다.

새롭게 옮긴 기획부서는 엔지니어 시절 나무만 보며 제품 개발을 했던 내가 숲 전체를 볼 수 있도록 시야를 확장해 주었다. 그리고 기술만 바라보던 시선을 사람에게 향하도록 관점을 전환해 주었으며, 무엇보다도 '기획'이 근거 없는 창의력의 결과물이 아닌 그럴듯한 로직을 만드는 일임을 알게 해 주었다. 지금까지 해오던 일과는 성격이 사뭇 달라서 적응기는 필요했지만, 그동안의 나의 엔지니어 경험이 전혀 쓸모가 없었던 것은 아님을 느낄 수 있었다. 다년간의 경험과 지식이 바탕이 되어 횡적 업무 확장뿐 아니라 종적 업무 확장까지 경험할 수 있었다.

신입사원 시절에는 예측 불가하게 펼쳐지는 다채로운 일들로 인해 새로운 것을 배운다는 것에 대한 설렘보다는 실패에 대한 두려움이 컸던 것 같다. 그 시절 나에게 '일'이란, 그저 그 나이에 해야 할 부담스러운 숙제에 불과했다. 어린 시절, 선생님께 혼날까 봐 억지로 꾸역꾸역해야만 했던, 하기 싫은 짐 덩어리였다. 그러나 신기하게도 그런 숙제도 계속하다 보니 재미도 있고, 효율적인 방법도 생각해 내게 되고, 무엇보다 그 지긋지긋한 숙제가 나의 실력이 되었다. 20년 차 시니어에게 마치 신입사원 때로 다시 회귀하는 듯한 재미가 생긴 것이다. 더 이상 일이 숙제가 아니라, 성장과 자기 효능감의 결과물로 느껴졌다.

요즘은 사람들이 회사의 성장과 함께 개인의 성장 또한 중요하게 생각하는 경우가 많다. 회사에서도 어떻게 하면 개인의 성장이 회사의 성장으로 이어질 수 있을지 고민하고, 그런 프로그램을 발굴하는 일에 관심을 쏟는다. '부장이 무슨 성장이야?'라고 누군가는 비난 섞인 궁금증을 가질 데지만, 막상 20년 차 정도 되어보니 이제야 제대로 된 성장을, 게다가 가속도까지 붙어 '신나게 달리고 있다'는 생각이 든다. 연차가 쌓일수록 업무 센스가 복리로 불어나는 느낌이다. 그동안의 업무 경험과 회사에서 잘 구축해둔 네트워킹 덕분에 '속도와 양'이라는 두 마리의 토끼를 잡을 수 있게 된 것 같다.

그렇지만 예측 불가한 요즘 같은 세상에 먼저 입사한 선배라고 모든 것에 복리를 기대할 수는 없다. 선배에게도 '성장'은 적응을 위한 필요조건이다. 라떼 이야기를 하며 변화된 세상만 탓하기에는 100세 시대를 맞이한 우리는 너무 젊고 할 일이 많다. 새로운 환경에, 시스템에 적응해야 하는 것은 2일 차 신입사원이나, 20년 차 시니어나 매한가지다. 그렇다고 모양 빠지게 신입사원과 함께 우왕좌왕할 수는 없는 법, 새로운 변화에 대한 두려움보다는 기대감으로 여유 있는, 일머리 있는 선배의 태도를 보여줘야 한다. 섣불리 해결안을 찾고자, 같은 일을 두 번 세 번 반복하지 않고, 가장 효율적인 방법으로 단번에 답을 알아내는, 그런 실력이 필요하다.

입사 20년을 앞두고 있지만, 부끄럽게도 나는 아직 완벽하게 일머리 있는 선배가 되지는 못했다. 다만 그런 선배가 될 수 있도록 여전히 노력 중이다.

최근 새로운 일을 시작하게 되었지만 지금 내가 하는 일이 퇴사할 때까지 맡게 될 업무라고 생각하지 않는다. 나는 여전히 변화의 중심에서 가슴 설레는 일을 계속해서 찾고 도전하며 성장하길 희망한다. 이러한 도전은 내 삶의 원동력이고, 나의 대표 이미지이기도 하다.

❝

나의 일을 통해서 내가 더 나다울 수 있고, 온전한 내가 될 수 있다면

어떠한 시련이 오더라도 나를 잃지 않고 이어 나갈 수 있으리라 생각된다.

나의 다양한 도전의 흔적들로 가득 채워질 나의 새로운 명함을 기대해 본다.

내 꿈의 자양분

⏻

내가 꿈꾸는 삶이 실현될 수 있게 도움을 준 것은 나의 일이었다.
일을 하면서 하나둘씩 배우고 습득한 것들이
내 꿈의 밑거름이 된 것이다.

가끔씩 동료들과 회사를 그만두고 여유 시간이 생기면 뭘 하겠냐는 주제로 이야기할 때 예전엔 그냥 단편적으로 '여행을 가고 싶다'거나 '봉사활동을 하고 싶다'고 이야기했었다. 그런데 지금 나는 이렇게 이야기할 수 있다,

"나는 소비 지향적인 삶을 살아가고 싶다."

'소비'의 사전적인 의미는 돈이나 물자, 시간, 노력 따위를 들이거나 써서 없애는 것이다. 나의 '소비'의 중심은 돈이나 물자가

아니다. 60세까지 사회생활을 하면서 축적한 지식과 재능을 나를 위해, 남을 위해 사용하고 싶다는 것이 나의 소비 지향적인 삶의 의미이다.

어느 날 나의 꿈과 미래에 대해 생각해 볼 기회가 있었다. 구체적으로는 '내가 꿈꾸는 삶은 무엇인가?'라는 것에 대해 스스로 생각해 보고 상대방과 이야기를 나누는 시간이었다. 사실 이때에도 나의 답은 같았다 '여행과 봉사'. 그런데 이런 나의 답변에 '왜 그런 생각을 하게 되었나?'라는 질문이 이어졌고, 그 순간 '그러게, 왜 나는 이런 생각을 하게 되었지?'라는 의문의 싹이 마음속에 움트기 시작했다. 이때부터 진정으로 내가 원하는 것이 무엇인지에 대한 탐색이 시작되었다.

먼저, '여행'이다. '나에게 여행이란 어떤 의미일까?', '내가 생각하는 여행은 어떤 모습일까?' 이런 질문들을 스스로에게 던졌다. 그리고 나서 마주한 내 여행의 형태는 어릴 때부터 마음속에 품어 온 '세계 일주'였다. 마치 도장 깨기를 하듯 수많은 나라를 쓱 스치고 지나치는 그런 것이 아니다. 여권에 찍힌 스탬프를 보면서 그곳에서 만난 사람들과의 시간을 떠올리면 나도 모르게 얼굴에 빙그레 미소를 짓게 되는 그런 여행을 하고 싶었던 것이다. 그런 여행을 위해 필요한 것은 무엇이고, 나에게 현재 준비된 것은 얼마만큼이며, 앞으로 무엇을 채워 나가야 할지를 생각하게 되었다.

　여행자금 외에 가장 필요한 것은 소통 능력이라고 판단했다. 내가 현재 구사할 수 있는 언어는 한국어, 영어, 중국어와 일본어로 총 4개 국어이다. 비록 나의 외국어 구사 능력이 완전하고 고급스럽지는 않지만, 여행 중 필요한 소통과 친분 쌓기에는 그리 큰 문제가 되지 않으리라 생각한다. 업무에 필요해서 투덜거리며 꾸역꾸역 배워놓은 외국어가 이렇게 도움이 되다니. 언젠가 내가 회사에서 요구하는 영어 말하기 시험을 준비하면서 투덜거릴 때 옆에 있던 형부가 내게 했던 말이 떠오른다. "처제네 회사는 계속 직원들이 발전하도록 지원하고 있구나." 그때는 이 말에 동의할 수 없었는데, 지금 생각해 보니 회사 생활을 하는 덕분에 타의에 의해서라도 외국어 학습을 꾸준히 할 수 있었음을 인정한다.

　나의 또 다른 삶의 키워드는 '봉사'이다. 봉사에 대해 관심은 많았으나, 남들이 하는 재능기부 형태의 봉사들을 보면서 '나는 기부할 수 있는 특별한 재능이 없으니 저런 것들은 못하겠구나'라는 포기에 가까운 생각을 해왔다. 그러던 중 회사에서 제공한 교육 과정을 통해 퍼실리테이션을 알게 되면서 내 맘속에 갇혀 있던 '봉사'라는 키워드가 힘을 받고 본격적으로 존재를 드러냈다. 어떤 단체가 가지고 있는 문제를 인식하고 해결할 수 있도록 도와주는 방법에 대한 것이어서 이것을 잘 적용하게 된다면 나도 누군가에게 도움을 줄 수 있을 것 같았다. 드디어 나에게도 기부할 수 있는 재능이 생긴 것이다.

무엇인가를 지속적으로 생각하면 공통점을 발견하게 되는 것일까? '여행과 봉사'는 다른 성격을 가진 키워드라고 생각했는데 끊임없이 생각을 하니 어느 순간 두 개가 연결되는 접점이 떠올랐다. 여행에는 나의 시간과 돈, 내가 가진 어학적 지식이 사용되고, 타인을 돕는 봉사에는 나의 시간과 지식 등이 모두 적용될 것이다. 두 가지 모두 내가 가지고 있는 무언가를 사용해야 하는 소비의 형태였다. 내 마음속의 키워드들과 내 삶의 의미가 하나로 연결되었다. 이렇게 해서 나는 소비 지향적인 삶을 살아가는, 내가 이상향으로 그리던 삶의 형태를 갖추게 되었다.

태어나서 지금까지 무엇인가를 꾸준히 끊임없이 실행하고 배우면서 내 안을 채우고 축적하는 데 중심을 두었다면, 인생의 후반부는 채우고 축적해 온 것들을 소비하는 데에 중심을 두고 지내는 것이 균형 있는 삶이라고 나는 믿는다.

생각해 보면, 내가 꿈꾸는 소비 지향적인 삶이 구체적으로 실현될 수 있게 도움을 준 것은 나의 일이었다. 일을 하면서 하나둘씩 배우고 습득한 것들이 내 꿈의 밑거름이 된 것이다.

"

시간은 모두에게 평등하게 주어지지만,

그 시간을 어떻게 보내는가에 따라 각자의 가치는 달라진다.

앞으로 내가 만나게 될 업무들이, 그 시간들이

나에게 또 어떤 자양분이 될지 기대된다.

나는 엔지니어다

⏻

다양한 분야를 넘나드는 그런 엔지니어이고 싶다.
정답은 없다.
하지만 나는 0에서 1을 만드는 가능성을 추구한다.

'2%의 가능성만 보여도 70% 이상 가능하게 만드는 사람'

입사 때 만난 인사담당 선배가 여전히 나를 평하는 말이다. 대다수 2%면 도전하지 않는 쪽을 택하겠지만, 나는 0에서 1을 만드는 것을 동경하는 엔지니어다.

최근 회사 내에서 애자일, 디지털 변환 등이 화두가 되면서 입사한 지 몇 년 안 되는 사원들과 몇 개의 업무팀을 구성했다. 첫 오프닝에 각자는 자신이 보유한 기술을 소개했다.

"부서에서 안 해 본 일을 적는 것이 더 쉽네요."

내가 한 말이다. 실험실 구석의 분석기 도입 이력을 기억하고, 몇 년째 개발 중인 기술의 초창기 멤버이자, 웬만한 유관 부서에 인맥 한 명씩은 있는 사람, 요즘은 거창하게 '패쓰 파인더Path Finder'라 칭하던데 그게 바로 나이다. 지금까지 예고 없이 주어지는 새로운 일을 기꺼이 했던 나는 '제가요?', '갑자기?', '왜요?'라든가, 검토하기도 전에 '몰라요'라고 말하는 동료를 이해하지 못한다. 아니, 이해하고 싶지 않다.

'혁신을 함께했던 분과의 즐거운 추억 여행'이란 제목에 '정년 1년 10개월 전…'이라는 문구로 시작되던 메일을 받은 건 작년 봄이다. 10년 전 '관계사 경영진단 TFTask Force'에서 만난 윤 부장님의 마지막 인사 메일이었다.

신규 기술 개발이 한참이던 시기, 국내 기술력은 일본에 한참 못 미쳤다. 임원을 포함한 각 분야의 전문가로 진단팀이 꾸려졌다. 그중 나는 유일한 책임 엔지니어였고, 나이나 학번으로도 막내에 입사 4년 차라 업무 경험도 적었다. 그렇게 그 팀에 참여했다. 20장의 보고서가 단 하나의 단어로 요약되는 기술을 이때 경험했다. 이공계생에게도 글쓰기 아이템 장착이 필요하다는 것을 인지한 순간이었다.

진단은 개발 업무와 비 개발 업무 분야로 나누어 진행되었다. 전체 리딩은 비 개발 분야 리더인 윤 부장님이 하셨는데 다양한 분야를 넘나드는 정리 능력에 감탄을 했다. 그때 그 과정을 잊을 수가 없다. 어리바리했던 나는 어느 순간 성장해 있었다. 회사에서 시니어 엔지니어에 기대하는 것은 내 업무 영역에만 국한된 것이 아니었다.

진단팀 활동을 마무리하고 한 달여 기간 만에 출근을 했을 때, 동료들은 '다녀오더니 무서워졌다.'라는 말을 건넸다. 단지 회사에서 원하는 형태로 업무를 하고 납기를 맞추기 위해 속도를 냈던 것을 동료들은 그렇게 느낀 듯하다. 하지만 난 오히려 그때를 함께 일하는 즐거움, 그리고 나의 회사 생활의 방향을 잡은 순간으로 기억한다. 업무를 바라보는 시야가 넓어졌고, 경력 많은 선배님들을 보며 보고 방식, 리딩 방법 등 다양한 노하우를 짧은 시간 동안 내 것으로 만들 수 있었다. 그리고 나는 그해 여름 중국 현지 인력을 꾸려 새로운 도전을 시작했다.

반복해 말하지만 나는 엔지니어다. 문제가 있으면 풀어야 했고 증명도 해야 했다. 그리고 '혁신'이라는 단어 아래 매번 새로운 과업에 도전해야 했다. 대내외, 개발, 품질 관리, 운영까지 그 대상이나 분야도 광범위했다. 나는 이렇게 15년간 분야를 가리지 않고 바쁘게 숨을 쉬었다. 그렇다 보니 가끔은 함께 하고 싶지 않은 동료들도 더러 있었다. 업무의 반복이 느껴지거나 주변에서 불만을 표현했을 때, 스스로 '을'이 되는 사람, 자신이 하는 일을 '하찮은 일', '중요하지 않은 일'이라 표현하는 사람들이다.

코로나 팬데믹이 시작될 때 새로운 업무를 시작했다. 현장에 가장 밀접하게 대응해야 하는 업무였다. 지금까지의 실험실 업무는 고객을 한 다리 건너 만나는 편이었고, 개발 업무는 당장 사업에 영향을 주는 성격이 아니었다. 하지만, 이번 업무는 24시간 365일 휴대폰을 옆에 두고 생활하며, 알람이 뜨면 밤이고 새벽이고 무작정 뛰어들어야 했다.

어느 순간 하루살이 같은 일상이 반복되고 있었다. 무뎌지고, 쉽게 잊게 되었다. '어떻게 하면 문제를 해결할 수 있을까?'를 고민했다. 근본적인 해결책은 '문제의 원인을 제거하는 것'이다. 하지만 원인을 찾는 데에는 많은 시간과 노력이 필요하고, 많은 이가 연계된 수치에 대한 의견 조율은 곧 벽에 부딪힌다. 이때, 고리를 끊기 위해 우리의 사고를 시작점으로 돌렸다. '우리는 왜 이 일을 하고 있나?'이다. 나 또한 '이렇게 해야지, 저렇게 해야지'의 교과서적인 말보다는 회사 전체에 우리 업무의 가치를 어필하여 인정받은 결과를 후배들에게 보여줬다.

지금도 어려운 일이 생겼을 때, '왜 나만 이런 상황에 처하지?' 라는 일들이 자주 생긴다. 하지만 많은 사람을 만나고 이야기하나 보니 나만 그런 것이 아니었다. 유사한 상황이 벌어지는 다른 섬에서, 그 사람도 똑같았다.

나는 지금 그런 섬들에 살고 있던 사람들과 연결선이 생겼다. '조금 더 빨랐으면' 하는 생각도 하지만, '아마 지금이니까 이런 연결을 만들 수 있었지'라는 결론도 있다.

그렇다 보니 조금 더 나 스스로를 믿게 되었고 언제든 도전할 힘이 생겼다.

66

나는 엔지니어다.

계속 새로운 것을 찾아 도전하는 그런 엔지니어이고 싶다.

열정은 가볍게,
연결은 집요하게

⏻

**나만의 그래프를 만들고 싶었다.
그래서 지금은 한없이 가벼운 열정의 결과들을
집요하게 연결하는 것이 더 중요하다고 생각한다.**

친구의 요청으로 대학생들 대상의 세미나를 개최할 기회가 있었다. 지금 생각하면 분명히 거절했어야 했을 텐데, 덜컥 수락을 해버렸다. 하겠다고 마음먹음과 동시에 스스럼없이 주제도 정했다. 3개월의 준비 기간이면 충분하다고 생각했기 때문이다.

하지만 여유로웠던 처음과는 달리, 세미나 거의 직전에 와서야 우왕좌왕하며 고민할 수밖에 없었다. 현재 내가 하는 업무 내용으로 무엇을 담을 수 있을까, 생각해 보니 딱히 떠오르는 게 없었기 때문이다.

'지금이라도 세미나를 그만두겠다고 해야 하나?'라면서 예전

자료를 들춰봤다. 그러다가 항상 자료의 마지막 챕터에는 '향후 계획Future work'을 활용해 현재의 내 커리어를 어떻게 적용할 수 있을지에 대한 각오들과 꽤 그럴싸한 분석 자료를 근거 삼아 심사위원들에게 어필할 준비를 해뒀다는 사실을 발견했다.

그렇다. 물리화학에서 물리로 연구 주제를 바꿀 때, 연구자에서 회사원으로 직종을 옮길 때를 돌이켜 보면, 쉽사리 결단 내릴 수 없는 큰 변화들이었다. 그런데도 나는 매번 변화의 간극을 메꿀 수 있는 나름의 합리적인 이유를 대면서 스스로를 완벽하게 설득할 수 있었고, 그 동력으로 새로운 커리어에서 펼쳐질 미래를 궁금해하며 지금의 위치까지 오게 되었다.

몇 년 전 이직을 고민하는 동창에게 해줬던 말이 사실은 나에게로 향해 있었던 것이다.

"결국 겪어 보지 않으면 모르거든. 뭘 하든, 어디를 가든 지금과는 다른 환경이라는 데 의의를 두면 분명 재밌을 거야!"

나는 치열하게 이뤘던 성과들을 쿨하게 뒤로하고 매번 변화를 시도할 용기를 내는 사람인 것이다.

그래서 결국 세미나를 포기했냐고? 아니다. 내게도 나만의 그래프가 있었다. 그 그래프에는 첫 입사부터 지금까지의 시간을 의미하는 'X축'과 다양한 레이블을 가진 'Y축'이 있다. X축과 여러 개의 Y축의 접점에는 내가 만난 사람들이 있었다. 상사이며, 멘토이자, 때로는 동료였던 세 분을 떠올리며 세미나 자료를 준비할 수 있었다.

늘 미소가 만연한 K 부장님은 나의 첫 사회생활의 문을 함께 열어주신 분이다.

입사 후 첫 과제를 진행하고 있을 때였다. 목요일 오후, K 부장님께서 부르시더니 현재 업무에 납기를 추가하여 '주간 보고'를 작성하라고 하셨다. 괜한 반발심에, "아직 진행 중인데, 어떻게 완료 시점을 알 수가 있나요?"라고 되물었다. 그랬더니 K 부장님은 더 이상 납기를 요구하지 않으셨다.

다음 날 K 부장님께서 공유하신 주간 보고서 속에는 전날 실랑이를 벌였던 납기가 명시되어 있었다. 내가 퇴근을 한 후 K 부장님은 협업하시는 분들과 상의를 하여 납기를 조율하셨고, 그렇게 합리적인 날짜가 도출될 수 있었던 것이다. 더 놀라웠던 것은 K 부장님이 퇴근 전에 내 책상도 청소하셨다는 것이다(동료가 알려주기 전까지는 여사님이 하신 줄 알았다). 당장 부장님께 전날 있었던 일에 대해 사과를 드렸다. K 부장님은 이번에도 환하게 웃으시면서, "원래 회사 일에는 납기가 빠지면 안 되는 거야. 이제 진짜 회사 업무 시작이네."라며 자연스럽게 회사에서의 보고가 어떤 것인지 알려주셨다. 그리고 이렇게 덧붙이셨다.

"아 참, 청소도 중요해. 먼지 마시면 건강에 안 좋으니까."

다정한 그 멘트는 나중에 내가 리더가 되었을 때도 써먹으려고 오랫동안 간직하고 있다.

나의 두 번째 멘토는 L 수석님이다. 내가 회사에서 제대로 근무할 수 있도록 각종 시스템을 사용하는 방법, 자료 작성하는 법, 타 부서의 사람들과 일하는 방법 등 내가 맡은 첫 실무를 처음부터 끝까지 함께해 주셨다.

특히 PC에서만 구현되던 나의 아이디어가 프로젝트 안에서 실제로 양산화되기 위해서는 거대한 회사 내부의 시스템과 연동되어야 함을 알게 해 주셨다. 그동안 알고 있던 업무의 범주 외에 더 다양한 부서와 각자의 기능들이 있다는 것을 알게 된 것이다. 그렇게 쉽사리 드러나지 않는 부서와의 협업이 나의 아이디어를 '실제로 써먹을 수 있는 무언가'로 완성시켜 주는 치트키라는 것을 몸소 체험한 것이다. 이렇게 나는 실무에서 한 단계 도약할 수 있었다.

가장 최근, 2년 전에는 회사에서 처음으로 감당하기 어려운 일이 있었다. 당시 나는 진행 중이던 프로젝트에서 빠지겠다고 했고, 맡고 있던 리더의 자리에서도 물러났다.

그동안 해 왔던 건 리더의 역할이라, 갑자기 파트원으로서 다시 시작해야 하는 상황이었다. 이때 N 수석님이 손을 내밀어 주셨다. 짧은 기간 직속 상사로 맺었던 인연으로, 염치 불고하고 연락을 드렸는데 흔쾌히 만나주셨다. 그렇게 자리를 옮기면서 면담할 때를 제외하고는 '왜, 이렇게 되었나?'라는 생각이 드는 질문은 하지 않으셨다. 오직 내가 다시 시작해야 할 업무를 주셨다. 그것이 감사했고, 덕분에 다시 파트원으로서 적응할 수 있었다. 그리고 기회가 생겨서 다른 팀으로 옮기게 되었을 때도 N 수석님의 말씀은 간결했다.

"정말 잘됐다. 가서 잘 적응해!"

그 짧고 강렬한 두 마디가 왜 이렇게 울컥했는지. 언젠가 나도 누군가에게 해 줄 날이 있을 거라 믿으며 회사 생활을 이어가고 있다.

다시 세미나 자료 이야기를 하자면, 마무리는 '향후 계획' 대신 나의 '현재 모습을 보여 주는 것'으로 끝을 맺었다. 손에 잡히는 성과물 대신, 멘토들이 자리한 나만의 그래프 말이다. 그들이 내 미래의 커리어로 향하는 든든한 지지대가 될 것이며, 지금은 그것을 미래와 연결하기 위해서 부단히 노력하는 것이 더 중요하다고 생각했기 때문이다.

'열정은 가볍게, 연결은 집요하게!'

딱 이렇게 세미나의 마지막 코멘트를 남겼다.

❝

해 보고 싶은 일이 있다면 너무 큰 고민 말고 가벼운 열정으로 도전하자.

그리고 무엇을 향해 가고 있는지 끈질기게 연결하기를.

그러면 언젠가는 '뭐라도' 손에 잡힐 것이다.